딱 한 번만 더 해보고,
꼭 한 걸음만 더 앞으로 나아가보세요.
지금 이 순간에도 꿈은 이루어지고 있습니다.

_______________ 에게

_______________ 드림

청소년을 위한

이기는 습관

이기는 습관

청소년을 위한

전옥표 지음

쌤앤파커스

CONTENTS

성취와 행복을 부르는 '이기는 습관'

마을이 훤히 내려다보이는 언덕 꼭대기, 한 노인이 길가의 나무 그루터기에 앉아 있었습니다. 그 앞을 지나던 한 여행자가 그에게 다가와 물었지요.

"아랫마을에는 어떤 사람들이 살고 있나요?"

그러자 노인은 대답 대신 이렇게 되물었습니다.

"당신이 떠나온 마을에는 어떤 사람들이 있었소?"

"화를 잘 내고, 정직하지 못하고, 형편없는 삶의 낙오자들이요."

여행자가 대답했습니다.

"여기에서도 똑같은 사람들을 만나게 될 것이오."

노인이 말했습니다.

몇 년 후, 노인 앞을 지나던 다른 여행자가 같은 질문을 했습니다.

"아랫마을에는 어떤 사람들이 살고 있나요?"

노인이 그에게도 똑같이 물었습니다.

"당신이 떠나온 마을에는 어떤 사람들이 살고 있었소?"

"친절하고, 정직하며, 예의 바르고, 인정이 넘치는 사람들이요."

그러자 노인이 대답했습니다.

"이 마을에도 그들과 똑같은 사람들이 살고 있다오."

세상은 우리가 어떻게 보느냐에 따라 아주 다른 모습으로 나타납니다. 즉 우리가 보는 세상은 다름 아닌 자신의 마음이 투영된 세상이지요.

누구나 태어나 한평생을 삽니다. 기왕이면 우리는 멋진 인생, 행복한 인생, 성공한 인생을 살고 싶어 합니다. 그런데 주위를 한번 돌아보세요. 모든 일을 참 수월하게, 원하는 대로 성취하는 사람이 있는가 하면, 마치 그의 인생에는 불행이라는 카드만 주어진 것처럼, 하는 일마다 꼬이고 뭐 하나 똑바로 되는 일이 없는 사람도 있습니다.

대체 그 차이는 무엇일까요? 많은 이들이 운명을 이야기하고, 타고난 재능이나 환경을 운운하기도 합니다. 그러나 정작 우리의 인생을 행복과 불행으로 가르는 것은 그 무엇도 아닌 바로 우리 자신입니다. 자신이 가진 습관 하나하나가 모이고 쌓여 바로 우리의 인생을 만드는 거니까요. 그런 의미에서 성공한 사람들은 좋은 습관을 갖고 있는 사람들이라고도 바꾸어 말할 수 있습니다.

살다 보면 우리는 수많은 선택과 맞부딪치게 됩니다. 심지어 아침에 눈뜰 때조차도 조금만 더 잘지, 힘들어도 곧바로 일어날

지를 두고 갈등합니다. 토라진 친구에게 먼저 전화를 해야 할지, 아니면 그 친구로부터 전화가 올 때까지 꼿꼿하게 있어야 할지 고민합니다. 매일 매일, 매순간 매순간이 선택의 연속입니다. 그 수많은 선택지 중에서 지금 당장보다는 내일의 큰 꿈을, 비열한 이득보다는 굳은 신념을, 교만과 방탕보다는 겸손과 절제를, 낙담과 한탄보다는 도전과 용기를 선택하는 것이 진정한 성공과 행복을 부르는 습관입니다. 그리고 그것이 바로 '이기는 습관'입니다.

《이기는 습관》은 출간 이후 독자들에게 분에 넘치는 사랑을 받아왔습니다. 8개월 동안 80만 부가 넘게 팔렸고 20주 연속 베스트셀러 1위라는 명예와 함께, 모 신문사가 선정하는 '2007 소비자 대상'에서 출판부문 대상에 뽑히는 영광도 안았습니다. 그리고 해가 바뀐 지금까지도 끊임없이 사랑받고 있습니다. 참으로 영광이고 감사한 일이 아닐 수 없습니다.

이번에 출간하는 《청소년을 위한 이기는 습관》도 사실 독자들의 요청에 의한 것입니다. 본 책을 읽으신 많은 분들이 자녀들에게도 꼭 읽히고 싶다며 '청소년 편' 발간을 독려해주셨지요. 아무래도 직장인들을 위한 이야기다 보니 다소 거리감이 있다면서, 청소년이나 대학생들에게 읽힐 책을 집필해달라고 하셨습니다.

처음엔 제가 그럴 자격이 있나 싶어 좀 망설였으나, 막상 집필을 하다 보니 우리 젊은이들을 위해 꼭 해주고 싶은 이야기들이 무척 많더군요. 그래서 본 책에는 없는 새로운 주제들이 많이 첨가되었습니다.

저는 십수년의 세월 동안 수많은 조직과 팀을 진두지휘해오면서 성취와 성공으로 이끄는 가장 큰 단초가 바로 이 '이기는 습관'임을 절감해왔습니다. 이기는 습관, 이기는 근성을 가진 사람들은 아주 보잘것없는 일에서조차도 끝장을 봅니다. 어떤 문제를 가지고 있는 사람이든 그 해결과정은 다 똑같습니다. 인생의 향방은 아주 단순한 것 하나로 완전히 달라집니다. 즉 어떤 카드를 선택하느냐는 것이죠. 일단 여러분이 이기는 습관이라는 카드를 뽑아들기만 하면, 목표를 향한 지혜로운 전략과 집요한 열정이 동반자가 되어 길을 밝혀줍니다.

그리고 정상의 고지를 한 번 밟아본 사람들은 누가 뭐라고 하지 않아도 스스로 열정의 불꽃을 태웁니다. 그것이 '이기는 습관'의 무서운 힘입니다. 그래서 "1등도 해본 사람이 하고, 이기는 것도 이겨본 사람이 이긴다."라고 하지 않았던가요!

부디 이 책을 펼쳐든 모든 청소년 여러분이 '이기는 습관'을 자신의 것으로 만들어 원대한 꿈을 성취하기 바랍니다.

2008년 찬란한 새해를 맞이하며

지은이 전옥표

행복의 습관,
인생은 숙제가 아니라 축복이다

어쩌면 비범한 천재들이나 위대한 업적을 이룬 많은 영웅들은
자신이 저 높은 곳에서 온 '독수리'라는 걸 잊지 않은 사람들일 겁니다.
"나는 특별한 존재야. 나는 세상의 중심이야."라고 스스로 믿었던 거지요.
그리고 그런 믿음이 그들을 남들과 한 차원 다른 반열에 올려놓은 것 아닐까요.

그대는 원래부터 빛나는 존재다

우리는 그저 살려고 태어난 것이 아니다.
의미 있는 인생을 만들려고 태어난 것이다.
— 헬리스 브릿지스Helice Bridges, 미국의 저술가

나는 그저 평범하게 살라고 신이 우리를 이 세상에 보낸 것이 아님을 믿는다.
— 루 홀츠Lou Holtz, 미국의 풋볼코치

폭풍우가 몰아치는 밤이었습니다. 태어난 지 하루밖에 안 된 새끼 독수리가 세찬 바람에 날려 둥지에서 그만 떨어졌습니다. 다음날 아침, 산길을 걷던 한 농부가 그 어린 독수리를 발견하고 집으로 데려갔습니다. 그리곤 건강해질 때까지 돌보다가 병아리들 사이에 놓아길렀지요.

그러던 어느 날 농부의 집에 놀러온 친구가 그 독수리를 보고 말했습니다.

"아니, 저기 저 큰 새는 독수리 아닌가?"

그러자 농부가 말했습니다.

"무슨 소리! 저 새가 무슨 독수리란 말인가! 덩치가 좀 크긴 해도 병아리일세! 보라구, 병아리처럼 걷고 병아리처럼 날갯짓 하고 병아리처럼 먹고 있지 않은가?"

"아니야, 아무리 보아도 독수리가 틀림없어. 여보게, 내가 저 새가 독수리임을 증명해보이겠네."

그 친구는 새를 안아 공중에 날려 보냈습니다. 그러나 독수리 는 큰 날개를 간신히 몇 번 펄럭이다가 내려와서는 다시 병아리들 과 같이 벌레들을 찾아 땅을 쪼아대는 것이었지요. 그 모습을 본 농부와 아이들이 비웃었습니다.

"그럴 리가 없는데…."

친구는 다시 한 번 그 새를 잡아서 온 힘을 다해 공중에 날려보 았습니다.

"날아라, 독수리야! 날아!"

그러나 소용이 없었지요. 독수리는 날개를 접고 다시 내려앉아 땅을 쪼아대는 것이었습니다.

"하하하! 여보게, 내가 말하지 않았나! 저건 독수리가 아니라 병아리라고!"

농부는 큰 소리로 웃었습니다. 친구는 고개를 갸우뚱거리며 집 으로 돌아갔습니다.

다음날 이른 새벽, 농부의 집 문을 세차게 두드리는 소리가 들 렸습니다. 자다가 일어난 농부가 놀라서 문을 열자 어제의 그 친구가 서 있었습니다. 그리곤 이렇게 말했죠.

"자네에게 보여줄 게 있네. 그 우스꽝스러운 새를 데리고 나를 따라와 보게."

친구는 앞장을 서며 따라오라는 것이었습니다. 농부는 내키지 않았지만 독수리를 데리고 따라갔습니다. 차가운 새벽, 그들은 어둠을 헤치고 농부가 처음 그 독수리를 발견했던 산꼭대기까지 가파른 산길을 올라갔습니다. 태양이 막 떠오르려고 할 때쯤 그들은 정상 부근의 바위 끝에 다다랐습니다.

그 친구는 동쪽을 향하여 독수리를 내려놓았습니다. 그리고는 부드러우면서도 단호하게 말했습니다.

"자, 독수리야! 태양을 보아라. 그리고 태양이 떠오를 때 그것과 함께 올라가라. 너는 땅에 속한 존재가 아니라 하늘의 존재란다."

그러자 독수리는 태양이 떠오르는 동쪽 하늘을 뚫어지게 응시했습니다. 그리곤 잠시 멈칫하더니 고개를 바짝 들고 날개를 편 채 서서히 몸을 활처럼 구부렸지요.

이때 친구가 큰 소리로 외쳤습니다.

"날아라, 독수리야. 날아! 너는 하늘의 왕자, 독수리란다!"

그때 강한 상승기류의 바람이 세차게 불어왔습니다. 그 순간 독수리는 날개를 힘차게 퍼덕이더니 마침내 아침 태양빛이 찬란히 부서지는 하늘로 높이높이 날아올라갔습니다. 그 후로 다시는 병아리들 사이로 내려오지 않았습니다.

"자, 독수리야! 태양을 보아라.
그리고 태양이 떠오를 때 그것과 함께 올라가라.
너는 땅에 속한 존재가 아니라 하늘의 존재란다."

미들급 세계 챔피언이자 전설적인 복서, 슈거 레이 로빈슨Sugar Ray Robinson은 말했습니다. "아무도 믿지 않을 때도 자신을 믿는 것, 그것이 챔피언이 되는 길이다."

또 저명한 작가이자 목사인 로버트 H. 슐러Robert H. Schuller는 이렇게 말했습니다. "내가 만나본 목표를 성취한 사람들은 하나같이 이렇게 말했다. '나 자신을 믿기 시작하자 인생이 바뀌었다.'"

그렇습니다. 사실 사람의 능력엔 큰 차이가 없습니다. 최고가 되는 사람과 그렇지 않은 사람의 차이는 스스로를 얼마나 믿느냐에 달려 있을 뿐입니다. 자신을 '병아리'라고 규정해버린 사람과, 자신을 저 높은 창공을 힘차게 나는 '독수리'라고 믿는 사람의 미래는 분명 다르지 않을까요? 여러분은 독수리인가요, 병아리인가요? 혹시 날 수 있는 능력을 가지고 있으면서도 날 생각을 안 하는 병아리 무리 속의 독수리는 아닌가요?

청소년기는 시간으로만 본다면 인생에서 가장 짧은 시기라고 할 수 있죠. 하지만 청소년기는 인생의 그 어느 시기보다 중요한 시기입니다. 이때 스스로를 어떻게 규정하느냐에 따라, 그리고 이 시기를 어떻게 보내느냐에 따라 앞으로의 인생이 천양지차로 달라지기 때문이죠. 그런데 아이러니하게도 가장 힘든 시기 역시 바로 이 청소년기인 것 같습니다. 대학입시의 압박에 잠시도 쉴 틈 없는 하루하루를 보내고, 아직 설익은 정체성에 대한 불안과 고민들이 여린 어깨를 짓누르고 있지요. 어른들은 여러분에게 돈 벌 걱정도 없고 젊고 건강하니 '너희들 때가 가장 좋을 때다'라고 말씀하시지만, 그건 정말 속 모르고 하는 소리죠.

사실 저더러 다시 청소년 시기로 돌아가 여러분처럼 생활하라고 하면 저는 고개를 절레절레 흔들 것 같습니다. 특히 요즘과 같은 치열한 입시경쟁 속에서 빛나는 청춘을 보내야 하는 여러분이 참으로 안쓰럽고 안타깝습니다. 그러나 어차피 상황이 그렇다면, 그리고 나 혼자만이 아니라 이 시대의 모든 청소년들이 같은 짐을 짊어지고 가는 거라면 그 상황에 현명하게 대처하는 수밖에 없지 않을까요? 불평하고 핑계 대며 도망가는 순간, 멋진 인생도 저만큼 달아나버릴 테니까요.

저 역시 돌이켜보면 청소년기만큼 인생에 대해 심각하게 고민했던 시기도 없었던 것 같습니다. 왜 그리 세상이 버겁고 무겁게만 느껴졌는지요. 지나고 보면 별 일도 아닌 것이 당시에는 하늘이 무너지는 일인 양 엄청난 불행으로 다가오곤 했었습니다. 성적이 좀 떨어졌다거나 이성친구에게 딱지를 맞았다고 해서 당장 세상이 끝나는 것도 아닌데 그땐 정말 세상 모든 것이 멈춰버린 것만 같았습니다.

왜 그럴까요? 왜 유독 청소년기엔 모든 일에 그처럼 예민해지고 작은 상처에도 그렇게 아픈 것일까요? 성인이 된다는 것은 어떤 의미에서 '평범함'과 화해하는 것이라고도 할 수 있습니다. 다시 말해 내가 우주의 중심이 아니라 이 세상의 수많은 존재 가운데 하나라는 사실을 받아들이고, 그것에 길들여지는 것이지요.

더 어린 시절은 물론이고 청소년기까지 대부분의 사람들은 '나'를 중심으로 세상이 돌아간다고 생각합니다. '나'라는 존재는 매우 특별한 존재이고, 드라마의 주인공처럼 내가 세상의 주인공이라고 생각하는 겁니다. 그런 생각에서 차츰 벗어나며 정체성의 혼란을 겪는 시기가 바로 '사춘기'입니다. 즉 어른이 되어가면서부터 슬프게도 우리는 '자신이 이 세상 수많은 사람 가운데 한 사람일 뿐'이라는 걸 자각하게 되는 것이지요. 그걸 보고 사람들은 '철이 들었다'라고 얘기하기도 합니다.

하지만 저는 조금 달리 생각합니다. 어쩌면 비범한 천재들이나 위대한 업적을 이룬 많은 영웅들이야말로 역설적으로 말해 '사춘기'에서 벗어나지 못한 철부지들이 아닐까요? 아니면 자신이 저 높은 곳에서 온 '독수리'라는 걸 잊지 않은 사람들일 겁니다. 많은 평범한 이들이 "그래, 나는 그렇고 그런 사람들 가운데 하나일 뿐이야. 나는 그냥 평범한 병아리일 뿐이야."라고 자신을 규정할 때, 그들은 "아니야, 나는 특별한 존재야. 나는 세상의 중심이 될 수 있어. 나는 병아리가 아니라 저 창공을 훨훨 나는 독수리야." 라고 스스로 믿었던 거지요. 그리고 그런 믿음이 그들을 남들과

한 차원 다른 반열에 성큼 올려놓은 것 아닐까요.

어른들은 여러분과 같은 청소년들을 '미숙하다'고 합니다. 아직 다 자라지 않아서 서투르고 부족하다는 뜻이죠. 하지만 저는 그 생각에도 동의하지 않습니다. 경험이 적어서, 혹은 사회적 상식이 좀 부족해서 그렇지, 어찌 보면 가장 명석하고 빛나는 사고를 가진 시기가 청소년기일 것입니다. 어른들이 세상과 적당히 타협하고 범부의 생활에 젖어버려 태생적으로 가지고 있었던 그 빛나는 본성을 망각하고 산다면, 오히려 청소년들은 삶에 대한 날카롭고 근원적인 성찰과, 우주의 진리와 소통하는 맑은 영혼을 간직하고 있습니다. 심하게 얘기하면 오히려 많은 이들이 청소년기를 벗어나면서, 태어날 때부터 지니고 있었던 빛나는 영성을 잃어버리고 혼돈과 타락에 빠진다고도 볼 수 있지요.

그러므로 이미 이 시기를 벗어난 사람들, 즉 성인들에게 다시 자신의 특별한 정체성을 찾으라고 이야기하는 것은 무척 힘든 일입니다. 이미 그들은 '망각의 강'을 건너 멀리까지 와버렸으니까요. 그들이 자신의 빛나는 영성을 찾으려면 청소년기보다 수십 배 이상의 노력과 각성이 필요합니다.

하지만 여러분은 다릅니다. 만약 이 시기에 자신이 빛나는 존재임을 잊지 않고, 다만 세상을 살아가는 지혜와 능력, 그리고 조화로운 사고만 키울 수 있다면 얼마나 위대한 인재가 될까요? 굳이 '우리는 자신이 믿는 대로 된다'는 명언의 힘을 빌리지 않더라도 여러분은 자신이 독수리임을 부디 잊지 마시기 바랍니다. 아무리 비천하고 어려운 환경에 처해 있더라도, 비록 신체적·정신적으로 남보다 못한 기량을 갖고 있더라도 우리는 원래 위대한 존재입니다. 이 세상에 아무런 의미 없이, 아무런 목적 없이 태어난 사람은 없습니다. 신은 우리에게 무언가 하라고, 그만한 값진 인생을 살라고 세상에 보내주셨습니다. 길에 굴러다니는 돌멩이 하나도 다 나름의 쓸모와 존재 이유가 있다고 했습니다. 하물며 사람이야 오죽할까요. 인간은 죽을 때까지 원래 자신이 갖고 태어난 능력의 0.0001%도 못쓰고 죽는다고 합니다. 위대한 천재들도 큰 차이는 없지요. 그러므로 우리가 할 수 있는 일은 너무나 많습니다. 살면서 우리에게 일어나는 모든 사건들, 즉 고난과 시련은 우리의 잠재력을 극대화하고 개인적 위대함을 실현하기 위해 의도적으로 우리에게 주어진 것뿐입니다.

최악의 믿음은 희망을 포기하는 믿음입니다. 이런 믿음은 살아가는 동안 대부분 잘못 형성된 것인데, 자신을 일정 수준 이하의 사람으로 머물게 합니다. 남보다 지능이 부족하다, 창조적이지 못하다, 인격이 부족하다, 의사소통능력이 떨어진다, 돈 버는 능력이 부족하다… 등등 희망을 포기하고 자신을 한계 속에 가두면, 그 결과 점점 더 자신을 폄하하고 어떤 목표를 세우든 조그만 장애물만 나타나도 쉽게 포기하게 되는 법이죠. 더욱 나쁜 것은 주변 사람들에게 자신이 무능한 사람이라고 공공연히 말하고 다니는 것입니다. 이쯤 되면 자신의 믿음이 결국 자신의 현실이 됩니다. 이런 말이 있습니다.

"사람은 원래 자신이 가진 본연의 모습이 아니라, 스스로가 생각하는 모습으로 존재하게 된다."

여러분은 무엇이 되어야만 빛나는 것이 아닙니다.

무엇이 되어야만 위대한 것도 아닙니다.

원래부터 여러분은 위대한 존재였고 빛나는 존재입니다.

스스로 그것을 찾기만 하면 됩니다.

스스로 그것을 깨닫기만 하면 됩니다.

스스로 그것을 기억해내기만 하면 됩니다.

스스로 그것을 믿기만 하면 됩니다.

성취의 단에서 오늘을 내려다보라

과거가 아닌 상상을 실현하며 살라.
― 스티븐 코비Stephen R. Covey, 미국의 저술가이자 컨설턴트

우리가 지금 여기, 이 모습으로 있는 것은
우리가 애초에 그렇게 상상했기 때문이다.
― 도널드 커티스Donald Curtis, 미국의 영화배우

나는 밤에만 꿈꾸는 것이 아니라 하루 종일 꿈을 꾼다.
― 스티븐 스필버그Stephen Spielberg, 미국의 영화감독

얼마 전까지 역사극이 인기절
정이었죠. 저 역시 유일하게 빼먹지 않고 봤던 TV 드라마가 바로
'대조영'이라는 사극이었습니다. 그보다 한참 전에 했던 '주몽'
이란 드라마도 참 흥미롭게 보았고, '태왕사신기'도 즐겨 보곤 했
습니다. 저는 이런 사극이라면 우리 아이들이나 청소년들도 잠깐
공부를 제쳐두고 꼭 봤으면 좋겠다고 생각합니다. 제 아이들에게
도 함께 보자고 적극 권했었거든요. 왜냐고요? 그 드라마들에는
하나같이 '웅대한 꿈'이 있기 때문입니다. 영웅들의 무용담이나
리더십도 흥미롭지만 저를 가장 감동시켰던 것은 바로 그 드라

마의 주인공들이 하나같이 '위대한 비전'을 갖고 있었다는 사실입니다.

고구려의 시조인 '주몽'이나 온갖 시련을 극복하고 대발해를 세운 '대조영', 우리 역사상 가장 광대한 나라를 만든 '광개토대왕'의 이야기를 보며 어찌 가슴이 뛰지 않겠습니까?

많은 사람들이 이런 드라마에 열광하는 것도 저와 비슷한 이유가 아닐까요? 누구보다 기구한 운명을 타고났지만, 또 누구보다 고난과 시련이 많았지만 그럼에도 이 모든 것을 극복하고 위대한 업적을 일구어낸 그들에게서 우리는 뭉클한 감동을 느낍니다. 그건 아마도 그들의 모습에서 우리가 되고 싶었던 스스로의 모습을 볼 수 있기 때문일 것입니다. 그래서 그들이 하나하나 고난을 극복하고 성취를 이루어내는 순간마다 우리도 같이 진한 카타르시스를 경험하게 됩니다.

그린데 그들의 이야기에는 또 하나의 특별한 공통짐이 있습니다. 주인공 스스로가 그렇게 되고자 꿈을 꾸었기 때문에, 그래서 그 꿈을 향해 노력해서 영웅이 된 것이 아니라, 이미 그렇게 되도록 운명 지어져 있다는 예언을 받고 태어났다는 거지요. 어떤 사람은 그걸 보면서 '아, 영웅은 노력한다고 되는 게 아니라 영웅이 될 운명을 타고나야 하는 거구나. 그러면 노력이 무슨 소용이람?' 하고 반문할 수도 있겠습니다. 그러나 그들의 말대로라면 왜 우리의 주인공들에게 그토록 가혹한 시련이 주어지는 걸까요?

그냥 탄탄대로를 곧장 달려가 바로 영웅이 될 수도 있을 텐데요.

저는 좀 다르게 해석해봅니다. 신이, 아니면 하늘이 그들이 그런 영웅이 되도록 '점지'한 것이 아니라 그들이 어떤 경로로든 그 운명에 대한 예언을 미리 알았기 때문에 그렇게 된 것이라고요. 제 얘기가 너무 어렵나요? 그렇다면 이렇게 한번 비유를 들어보죠. 사주가 똑같은 쌍둥이 중 한 아이에겐 "너는 대통령이 될 운명을 타고 났어."라고 얘기해주고, 또 다른 아이에겐 "너는 희대의 범죄자가 될 운명을 타고 났어."라고 얘기해준다면 어떻게 될까요? 그리고 자라는 내내 누군가 곁에서 그런 이야기를 지속적으로 들려주고 그들로 하여금 그렇게 믿도록 만든다면요. 모르긴 몰라도 아마 한 아이는 대통령은 못 되었을지 몰라도 최소한 유명한 정치가나 성공한 사람이 되었을 겁니다. 나머지 다른 한 아이의 이야기는 굳이 할 필요가 없겠죠?

이것이 바로 앞에서 말한 '자신을 믿는 힘'입니다. 다만 자신이 어떤 사람이 되리라고 믿느냐의 차이겠지요.

드라마 속에서 주몽이나 대조영, 광개토대왕도 이미 태어나는 순간, 혹은 어떤 예언자들에 의해서 자신들이 위대한 업적을 이룰 운명을 타고 났다는 것을 알게 됩니다. 처음엔 그들도 이를 잘 모르고 있었지요. 그런데 이를 알게 된 순간, 커다란 변화가 일어납니다. 철없는 망나니였던 주몽이, 그리고 천한 신분에 좌절하는 나약한 청년에 불과했던 대조영이 어느새 불굴의 의지와 용기를 지닌 영웅으로 변모합니다. 물론 이런 놀라운 변신은 드라마니까 가능한 일인지도 모르죠. 하지만 어디까지가 역사적 사실인지 또 어디까지가 극적 재미를 위해서 꾸며낸 이야기인지는 잘 모르더라도, 그런 그들의 드라마틱한 변신은 상당히 설득력 있게 다가옵니다. 이런 생각을 해보았습니다. 만약 그들이 부모나 예지자로부터 자신이 그러한 '위대한 출신과 위대한 운명을 타고났다'는 얘기를 듣지 못했다면 과연 그처럼 위대한 과업을 완수할 수 있었을까 하고요.

그들이 그렇게 될 수 있었던 것은 한마디로 '성취의 단'에서 자신을 내려다보았기 때문입니다. 즉 이미 성공한 자신의 모습을 보고, 미래의 그 위치에서 오늘의 자신을 바라본 것이지요. 그들은 당연히 자신들이 미래의 그 자리에 있을 것을 굳게 믿었습니다. 그러므로 오늘의 시련을, 미래의 자신을 위한 '수업'이라고, 오늘의 달콤한 유혹을 미래의 자신을 망치는 과오라고 여길 수 있었을 겁니다.

어떤 이들은 그들의 이야기를 보면서, '사람이 어떻게 하루아침에 저렇게 변할 수 있어?' 하고 의문을 품을지 모릅니다. 하지만 저는 그런 변화가 너무도 당연하다고 생각합니다. 만약 여러분이 "30년 뒤에 우리나라의 대통령이 될 사람이오!"라는 예언을 들었다고 해보죠. 그것을 추호도 의심하지 않는다면 여러분은 오늘 하루를 어떻게 살까요? 만약 대통령이 된다면, 그 후에 여러분은 자신의 전기에 어떤 이야기들이 쓰여지길 바라나요? 불량한 친구들과 어울려 다니며 부모님 속깨나 썩혔다고, 취미는 지각이며 특기는 뺀질거리고 반항하기, 숙제는 시간관계상 종종 재꼈다(?)고, 그렇게 쓰이길 바라나요? 조그마한 어려움이 닥쳐도 그냥 포기하고 주저앉아버린 에피소드를 자랑스럽게 내놓을 수 있을까요? 아니, 그러지 않을 겁니다. 유명한 영화감독이 된 미래의 내가, 세계가 주목하는 과학자 혹은 대기업의 CEO가 된 미래의 내가, 그런 시시한 청소년 시절을 보냈다는 건 아무리 생각해봐도 내키지 않을 겁니다.

바로 그것입니다. 여러분도 성취의 단에서 오늘을 내려다보세요. 이미 성공한 위치에서 오늘 자신의 모습을 바라보세요. 그러면 적당히 놀고 싶고, 적당히 거짓말하고 싶고, 마냥 주저앉고 싶을 때 자신도 모르는 놀라운 힘과 용기가 생길 것입니다.

저도 어려운 일이 닥치거나 포기하고 싶을 때는 늘 성공한 미래의 모습 속에서 오늘 이 시간을 내려다보며 다시 용기를 얻곤 했습니다. 즉 저의 비전이었던 '대한민국 최고의 마케팅 전문가', '존경받는 탁월한 경영자'가 이미 되었다고 가정하고, 그 위치에서 오늘의 나를 비춰보았던 것이지요. 영화를 보면 성공한 주인공이 어린 시절이나 학창 시절을 되돌아보는 장면을 종종 볼 수

성취의 단에서 오늘을 내려다보세요.

이미 성공한 자신의 모습, 미래의 그 위치에서 오늘의 자신을 바라보세요.

자신도 모르는 놀라운 힘과 용기가 생길 것입니다.

있습니다. 대체로 어떤 모습인가요? 아주 어려운 환경 속에서 갖은 고생을 다 겪으면서 열심히 노력했던 모습이 오버랩 되곤 하지 않나요? 물론 시대도 다르고 상황도 다르겠지만, 보편적인 현실이 모여 영화가 되는 걸 보면, 어쨌든 과거의 노력들이 모여서 오늘의 성공이 된다는 평범한 진리만은 앞으로도 변함이 없을 것입니다.

오늘은 이미 지나간 과거입니다. 지금의 모습이 아무리 초라하고 연약하다 할지라도, 미래에 반드시 찾아올 성공을 그리면서 극복해나가야 합니다. 3년 후 대한민국 최고가 되어서 박수를 받고 있을 내 모습을 생각하면서, 3년 후 성공한 그 시점에서 오늘을 되돌아보면 아마 부단히 독서하고 공부하면서 노력했을 테지요. 놀고 싶고 편히 쉬고 싶고 그저 제자리에서 안주하고 싶은 여러 장애물들을 극복하면서, 뿐만 아니라 게으름을 피우고 싶고, 좌절하고 싶고, 아무렇게나 살고 싶어도 그때 오늘을 되돌아보며 자신을 부끄럽게 여기지 않도록 스스로 마음을 다잡으세요. 꿈을 품고 그 꿈을 이루기 위해 하루하루 열심히 사는 것도 중요하지만, 반대로 그 꿈이 이루어질 미래의 어느 날 그 위치에서 오늘의 자신의 모습을 보는 것은 아주 커다란 힘이 됩니다.

사람은 자기 스스로 그린 자신의 모습대로 된다고 합니다. 가요계에는 슬프고 비통한 노래를 많이 부른 가수들이 요절한다는 속설이 있습니다. 늘 슬픈 노래, 곧 자신이 죽을 것을 암시하는 노래를 하다 보면 실제 자신이 그렇게 되리라고 믿는다는 것이지요. 실제로 요절한 가수 중에는 유난히 슬프고 비통한 노래를 부른 사람들이 많았습니다. 그런 사람이 될 거라는 자각이 그를 그런 사람으로 만든 것이지요.

세계적인 베스트셀러 저자인 로버트 콜리어Robert Collier 또한 《성취의 법칙》에서 자신이 꿈꾸는 역할을 상상하고 그렇게 연기하라고 강조합니다. 자신이 바라는 인물이 되는 방법은 의외로 간단합니다. 우선 인생에서 추구하는 바를 결정합니다. 즉, 자신이 희망하는 미래의 모습을 분명하게 정하고 떠올려보는 것이지요. 세세한 것까지 계획을 세워 마치 한 편의 영화처럼 처음부터 끝까지 그려봅니다. 그 다음은 늘 꿈꿔오던 일을 지금 하고 있다고 상상하는 것입니다. 즉 마음의 눈으로 그것을 현실처럼 만드는 것이죠.

사실 이 책을 쓴 로버트 콜리어 자신도 한때 불치병을 앓다가 신앙의 힘으로 기적적으로 치유된 경험을 갖고 있다고 합니다. 이를 계기로 그는 '마음의 힘'에 관해서 평생 연구를 하게 되었지요. 그 결과 그는 마음의 힘이 신체를 변화시킬 정도로 강력할 뿐 아니라, 부, 명예, 건강 등 인생에서 추구하는 모든 것을 가져다줄 수 있다고 확신하게 되었다고 합니다. 그 자신도 그것을 통해 부와 명성을 얻게 되었고요.

여러분도 스스로를 빛나는 존재, 위대한 존재라고 설정하십시오. 그 순간부터 마음과 행동은 바뀔 수밖에 없을 겁니다. 자신이 되고 싶은 먼 미래의 '성취자의 모습'에서 오늘의 나를 내려다보는 겁니다. 그러면 오늘 하루, 지금 이 시간 여러분의 행동 하나하나가 거기에 걸맞은 모습으로 변화하게 됩니다. 대통령이 되고, 유명한 프로 운동선수가 되고, 유능한 국제 변호사가 되고, 위대한 예술가가 되어야 할 사람이 오늘을 이렇게 함부로 살 수는 없을 테지요. 훗날 자신의 자서전을 쓴다고 생각했을 때 오늘의 내 모습이 부끄러워서는 안 될 테니까요. 위대한 인물이 될 사람이 불량하고 천박한 행동을 하지는 않겠지요. 그리고 이기적이고 게으른 행동을 하지도 않을 겁니다. 비록 어제까지는 방황하고 좌절했을지 몰라도 빛나는 미래에서 오늘을 바라다 본 그 순간부터는 분명 달라진 자신의 정체성을 자각하게 될 것이기 때문입니다.

오늘부터 하루하루 매시간, 꿈꿔왔던 그 모습이 되고 난 후의 위치에서 자신을 내려다보시기 바랍니다. '성취의 단'에서 내려다본 오늘 여러분의 모습은 어떤가요?

아무것도 할 수 없는 환경이란 없다

성공하는 사람들이란 자기가 바라는 환경을 찾아내는 사람들이다.
발견하지 못하면 자기가 만들면 된다.
— 조지 버나드 쇼George Bernard Shaw, 아일랜드의 희곡작가

행복한 사람은 어떤 특정한 환경 속에 있는 사람이 아니다.
오히려 어떤 특정한 마음 자세를 갖고 살아가는 사람이다.
— 휴 다운즈Hugh Downs, 미국 ABC 방송국 앵커

페니실린을 발견한 알렉산더 플레밍Alexander Fleming의 연구실은 매우 열악하고 협소했습니다. 창문의 유리창은 깨져서 바람과 먼지가 죄다 들어왔지요. 그는 이 연구실에서 곰팡이에 대한 연구에 몰두했습니다. 어느 날 그는 깨진 창문을 통해 날아온 곰팡이 포자를 현미경으로 관찰한 후 중요한 사실을 발견했습니다. 그 곰팡이에 페니실린의 원료가 숨어 있었던 것입니다. 그는 그 곰팡이 균을 가지고 마침내 페니실린을 만들었습니다.

몇 년 후 한 친구가 플레밍의 연구실을 방문하고는 깜짝 놀라며

말했습니다.

"이렇게 형편없는 연구실에서 페니실린을 만들었다니…. 만약 자네에게 좋은 환경이 주어졌더라면 더 엄청난 발견들을 했을 텐데…."

그러자 플레밍은 빙그레 웃으면서 대답했습니다.

"이 열악한 연구실이 페니실린을 발견하게 해주었다네. 창문 틈으로 날아온 먼지가 바로 페니실린의 재료가 되었거든. 중요한 것은 환경이 아니라 강인한 의지라네."

블레임 게임Blame Game이라는 것이 있습니다. 여러분도 그런 기억이 있을지 모르겠네요. 장난을 치다가 그만 부모님이 아끼는 귀중한 물건을 망가뜨리고선, 야단맞는 게 두려워 거짓말을 했던 기억 같은 거 말이죠. 가령 그것이 저절로 떨어졌다거나 동생이 그랬다고 둘러댔던 적은 없나요? 이처럼 잘못을 저지른 뒤 거짓말을 하거나 남 탓으로 돌리는 일을 '블레임 게임'이라고 합니다.

대부분의 사람들은 자신의 인생이 만족스럽지 않거나 실패에 빠지면, 자신이 왜 그 상황에 처하게 되었는지를 완벽하게 설명해줄 다른 상황이나 이유를 찾는다고 합니다. 자신의 삶에 대한 책임을 온전히 받아들이는 것보다는 핑계거리를 찾는 일이 더 쉽고 덜 고통스럽기 때문이지요. 즉 블레임 게임은 자신의 삶을 완벽하게 정당화하고 방어함으로써 스스로에 대해 만족하기 위해 우리가 사용하는 자기방어 장치라고 할 수 있습니다.

그런데 이 같은 태도는 우리가 성공적이고 훌륭한 인생을 만들어가는 데 결코 도움이 되질 않습니다. 기대에 미치지 못한 것을 정당화하기 위해 사용될 뿐이죠.

여러분은 어떤가요? 가령 자신이 현재 그럴 수밖에 없는 이유를 밖에서 찾고 있지는 않나요? 다른 사람 핑계를 대고 있지는 않은가요? 공부를 못하는 이유가 남들처럼 고액과외를 받지 못해서라고, 혹은 집이 시끄러워서 집중이 안 되기 때문이라고 말하지는 않나요? 부모님에게 혹은 선생님에게 반항하고 싶어서 일부러 안 하는 거라고 말하지는 않나요?

행복한 인생을 사는 사람과 그렇지 못한 사람의 가장 큰 차이가 무엇일까요? 그것은 바로 같은 상황이나 환경, 같은 조건을 어떻게 받아들이느냐입니다. 가난한 환경도 어떤 사람은 극복해야 할 도전의 기회로 삼고, 어떤 사람은 자신의 발목을 잡는 구렁텅이로 여깁니다. 같은 부모, 같은 환경에서 자란 형제들도 판이하게 다른 인생을 살아가는 경우가 얼마나 많은가요? 똑같이 최악의 상황에 처해도 어떤 이는 더 많은 것을 배우는 기회로 삼고, 어떤 이는 '난 왜 이렇게 복도 지지리 없을까?' 푸념하며 세월을 보냅니다. 똑같은 충고도 어떤 이는 고마운 조언으로 받아들이는데, 어떤 이는 귀찮은 잔소리로 여기죠.

제가 잘 아는 여사장님 한 분은 동종업계에선 꽤나 잘 알려진 저명인사입니다. 마흔 중반이 넘은 나이에도 아직 곱상한 외모가 얼핏 보기엔 부잣집 외동딸로 부족함 없이 자랐을 것 같은 인상이었죠. 그런데 우연히 이야기를 나누다가 그분이 고등학교 졸업 후부터 집안의 가장 역할을 떠맡으며 온갖 고생을 다했다는 이야기를 듣고 깜짝 놀랐습니다.

그리고 더욱 인상적이었던 건 그녀가 대학 시절 레스토랑에서 웨이트리스로 서빙 아르바이트를 했다는 대목이었습니다. 그녀가 어찌나 일을 열심히 했는지 아르바이트를 시작한 지 두 달만에 레스토랑 사장이 다른 아르바이트생들이 받는 금액의 2배나 되는 월급을 그녀에게 주었다는 것입니다. 손님들이 입에 침이 마르게 칭찬을 하고, 심지어 그녀 때문에 기분이 좋아서 그 레스토랑에 다시 온다는 사람들까지 생겨났기 때문이랍니다.

친절하고 따뜻한 성품을 타고난 탓도 있었지만 그녀는 '기왕 하는 아르바이트, 열심히 하자'는 생각뿐이었고, 어차피 레스토랑에서 보내야 하는 시간이라면 1분 1초라도 즐겁게, 그리고 하나라도 배울 게 있다면 모조리 배우겠다는 심정으로 일했다고 합니다. 그래서 남들보다 부지런히 움직이고, 손님들께는 정말 정성을 다해 친절하게 대해드렸다고 합니다. 혼자 우두커니 앉아서 일행을 기다리는 손님이 있으면 누가 시키지 않아도 무료해 할까봐 잡지나 신문을 가져다드리며 "차가 많이 막히나 봐요. 편안하게 기다리세요.” 하고 친근하게 인사를 건네고, 손님 물잔에 물이 떨어지지는 않았는지, 더 필요한 게 없는지 유심히 살폈다가 손님이 말하기 전에 먼저 알아서 가져다드렸습니다. 그렇게 항상 방긋방긋 미소를 지으며 대해드렸더니 손님들이 오히려 자신을 더 챙겨주시더라는 겁니다.

그녀는 또한 그곳에서 많은 것을 배웠다고 했습니다. 고객서비스를 할 때 손님들을 어떻게 대하면 어떻게 반응하는지 알게 되었고, 레스토랑 경영은 어떻게 이루어지는지, 식재료와 음료는 어디서 들여오고 마진이 어떻게 되는지도 알게 되었습니다. 주어진 시간을 그냥 대강 흘려보내는 것이 아니라 ‘이곳에서 내가 배울 수 있는 것은 다 배운다’는 생각으로 모든 것에 관심을 가지고 배우려고 노력했기 때문이었죠. 그러니까 자연스럽게 일도 즐겁고 레스토랑이 돌아가는 전체적인 원리나 시스템도 꿰뚫어볼 수 있게 된 것입니다. 그때만 해도 훗날 그것이 이렇게 큰 도움이 될 줄은 몰랐는데 몇 년 뒤 우연찮게 조그만 가게를 직접 운영하게 되면서, 뜻밖에도 그때 배운 것이 정말 큰 도움이 되었다고 합니다.

그 분의 마지막 말이 아직도 기억에 생생합니다.

“인생에서 ‘우연히’ 되는 건 하나도 없는 것 같아요. 분명 내가 이 시점에 이런 일을 하고 있는 데는 다 이유가 있는 법이죠. 누구는 그것을 자산으로 삼고 기회로 활용하고, 누구는 그냥 흘려

보내요. 그 차이가 우리네 인생을 가르는 것 같아요. 그때 저는 고급 레스토랑에 와서 식사를 하는 또래 아이들이 하나도 부럽지 않았어요. 이렇게 생각했죠. '나는 경제적인 능력이 없는 부모님 덕분(?)에 이렇게 그들보다 빨리 세상에 나와 일찍부터 많은 것들을 배울 수 있잖아!'라고요."

자연의 법칙은 공평합니다. 우리의 내일은 어제와 오늘 우리가 살아온 '결과물'에 다름 아닙니다. 간혹 부정한 방법으로 일확천금을 거머쥔 사람이나, 악한 사람이 떵떵거리고 잘 사는 것을 보면서, 혹은 정말로 열심히 사는데도 계속해서 불운만 겹치는 사람들을 보면서 우리는 세상이 공평하지 않다고 쉽게 말합니다. 하지만 그것은 겉모습만 보고, 혹은 지금 눈앞에 펼쳐진 당장의 결과만 보고 내리는 우리들의 잘못된 판단입니다. 인생은 언제나 '현재진행형'입니다.

이 글을 쓰는 저 역시 적지 않은 세월을 살아오면서 제대로, 열심히, 현명하게 살아온 이들이 잘못되는 것은 본 적 없습니다. 그들이 비록 엄청난 부나 명예를 축적하지는 못했다 하더라도 그들의 일상은 당당하고 평온하며 행복합니다. 마음이 가득 차 있으니 주위를 돌보고 자신을 돌아보는 여유도 있지요. 그리고 시간이 흐르면 노력과 인내에 합당한 성공과 명예, 분에 넘치지 않는 적당한 부도 누리게 됩니다.

죽어서만 천당에 가고 지옥에 가는 게 아닙니다. 우리가 오늘 한 일이 장차 우리를 천당으로, 혹은 지옥으로 데리고 갑니다.

이따금 '억세게 운이 좋아서' 성공했단 사람들의 얘기도 듣습니다. 그러나 이 '운'조차도 어떤 시각으로 보느냐는 사람에 따라서 천양지차입니다.

어느 가족이 모처럼 여행을 떠났는데 비가 많이 옵니다. 그러자 누군가가 "에이, 여행만 오면 만날 구질구질하게 비가 내리네. 신경질 나게." 하면서 가는 내내 투덜거립니다. 여행이 즐거울 리 없습니다. 한 명이 짜증을 내기 시작하니 함께 있던 가족들도 사사건건 서로 충돌합니다. 그런 상황에 운전인들 제대로 될 리가 있나요? 빗길이라 시야도 가뜩이나 흐린데 뒷차가 앞질러 가며 유리창에 흙탕물을 철썩 끼얹고 갑니다. 화가 나서 쫓아갑니다. 그 차를 잎지르려고 중앙선을 넘어 질주합니다. 그러다가 마주 오던 트럭과 꽈광! 충돌하고 맙니다. 그리곤 이렇게 말하겠지요. "에잇, 지지리도 운이 없네."

정반대인 다른 가족 얘길 살펴볼까요? 여행을 떠났는데 비가 옵니다. "비가 오니 날씨도 선선하니 좋네. 놀러 가는 사람들도 별로 없을 테니 길도 안 막히고…. 어쩐지 운치도 있고 좋지 않아?" 하면서 콧노래를 부릅니다. 그러자 함께 간 가족들도 "정말 그러네요." 하며 즐거워합니다. 그때 뒷차가 앞질러가며 흙탕물을 유리창에 쫘악 끼얹고 갑니다. "이런! 저 차는 무지 바쁜 일이 있나 보네. 바짝 붙어가면 흙탕물이 튈지 모르니 앞뒤 간격을 좀 더 두고 가야겠군." 하며 차의 속도를 줄입니다. 그 때였습니다. 커브 길을 돌던 맨 앞차가 빗길에 미끄러지며 3중 추돌 사고가 일어납니다. 방금 우리 차를 앞질러간 차도 거기 끼어 있습니다. 그러나 다행히 속도를 줄인 우리 차는 바로 앞 차 뒤에서 무사히 멈춰 섰습니다. "휴우, 큰일 날 뻔했네. 아까 그 차가 우리 차를 앞질러가지 않았다면 우리가 사고 당할 뻔했는데…. 정말 운이 좋았네."

어떤가요? 자신에게 일어나는 모든 일과 사건, 사고, 환경을, 어떤 이는 늘 긍정적으로 해석하고 어떤 이는 늘 부정적으로 해석합니다. 어쩌면 성공한 사람들은 실제로 그리 운 좋은 편이 아닌데도 그것을 스스로 좋은 운으로 만든 사람들인지도 모릅니다. 평범한 사람들이 '성공하면 내 실력 덕분이고, 실패하면 운이 나빠서'라고 투덜거릴 때, 그들은 '성공하면 운이 좋아서, 실패하면 내 실력이 부족한 탓'이라고 말할 줄 아는 사람들입니다.

뒤집어 생각해보세요. 딸로 태어나서 불리하다고 생각하나요? 그렇다면 여자라서 훨씬 유리한 점을 생각해보세요. 남자들에게는 평범한 일이지만 여자라서 더 돋보이고 주목받는 일들도 많습니다. 인물이 조금 덜 예뻐서 속상한가요? 외모 가꾸느라 허비하는 시간에 공부를 좀더 열심히 할 수 있으니 좋다고 생각해보세요. 그리고 만약 누군가가 얼굴만 보고 나를 좋아한다면, 그 사랑은 얼굴이 변하거나 늙고 초라해지면 식을 수도 있는 사랑 아닌가요? 하지만 나의 아름다운 내면, 즉 솔직하고 당당한 성격이나 뛰어난 지성, 품위 있고 사려 깊은 인격을 보고 좋아한다면, 시간이 지날수록 그 사랑은 점점 더 깊어지겠지요. 우스갯소리로 예전엔 '얼굴 예쁜 여자가 팔자가 세다'는 말이 있었는데요. 이는 남자들이 가만히 놔두지 않으니까 콧대가 하늘 높은 줄 모르고 올라가다가 결국엔 가장 못난 남자나 나쁜 남자한테 시집을 가게 된다는 거지요. 그리고 유혹이 많다 보니 공부나 일에 전념하기보다는 쓸데없이 이리저리 놀러 다니다가 아까운 청춘을 허비하거나 잘못된 길로 빠져들기도 쉽고요. 이건 남자도 마찬가지입니다. 공부 잘하고 성공한 사람치고 아주 잘생긴 사람은 드뭅니다.

청소년기에 저는 학교 수업을 마치면 어머님의 농사일을 거들어야 했었지요. 아버지가 공무원이셨지만 집안 형편이 매우 어려웠기 때문에 어머니 혼자서 고된 농사일로 가난한 살림을 꾸려가셨습니다. 지금 생각하면 아무것도 아니지만 그 당시에는 학생인 제가 손수레를 끌면서 어머님의 일을 거들고 농사지은 채소와 곡식들을 시장에 내다파는 것이 얼마나 창피하고 부끄러웠는지 모릅니다. 길거리에서 아는 여학생이라도 만나면 그야말로 쥐구멍

에라도 숨고 싶었지요. 그때마다 어머니께서 "모든 일에는 귀천이 없단다. 공부 못지않게 농사일을 거드는 것도 자부심을 갖고 하렴. 남들이 온실에서 곱게만 자랄 때 너는 역경을 무릅쓰고 부모에게 효도하니까, 나중에 반드시 훌륭한 사람이 될 거야."라고 말씀하시며 눈시울을 붉히시던 모습이 지금도 선합니다. 그 시절에는 왜 그렇게도 어려운 가정 형편이 원망스러웠는지 모르겠습니다. 그러나 돌이켜보면 제게 그런 환경이 없었더라면 이제까지 살아오면서 만난 크고 작은 어려움들을 어떻게 다 이겨낼 수 있었을까요. 그래서 지금은 오히려 그때의 그 소중한 경험들이 고맙기까지 하답니다.

집안 형편이 별로 좋지 않은 관계로, 남들처럼 과외수업을 받거나 학원에 다니지 못한다고 해서 왠지 부모님께 섭섭하고 불안한가요? 물론 요즘 같은 교육 현실에서 혼자서 공부를 한다는 게 아무리 노력해도 상대적으로 불리하다고 느낄 수도 있겠죠. 그게 사실일 수도 있습니다. 저도 수험생 학부모였던 적이 있으니, 대한민국의 현실이 '그렇지 않다'고 단언할 수는 없을 것 같습니다. 어쨌든 본인은 최선을 다했지만 주위의 도움이 부족해서 소위 일류대학에 들어가지 못했다고 칩시다. 그렇다고 인생에서 원하는 목적지를 향해 가는 데 결정적인 문제가 생겨버린 걸까요?

여러분은 아직 이런 걸 느껴본 적 없을지 모르겠지만, 삶이란

한 방으로 끝나는 '일회성 단타 게임'이 아닙니다. 정말로 성공한 사람들은 소위 일류대학 출신보다는 그렇지 않은 사람들이 많습니다. 저도 그 중에 속한다면 속하는 셈이지요. 회사에서 일을 시켜봐도 그렇습니다. 부잣집에 태어나 족집게 과외를 받고 별 어려움 없이 명문대학에 들어가서 취업시험 준비만 하다 들어온 '온실 속의 화초' 같은 신입사원보다는, 갖은 고생을 다 하면서 스스로 어렵게 공부해 대학을 마치고 들어온 사람들이, 비록 명문대 출신은 아니더라도 훨씬 창의적이고 적극적이며 일도 더 잘합니다. 그들은 고생도 해보고 세상이 그렇게 호락호락하지만은 않다는 사실도 잘 알기에 웬만한 어려움도 꿋꿋이 극복할 줄 알고 사람들과의 관계에서도 매우 원만하게 잘 적응합니다.

더욱이 앞으로 여러분이 살아갈 시대는 학력이나 출신지역, 성별의 차이가 점점 무의미해지는 시대입니다. 오로지 실력과 창의성, 노력과 의지만이 자신의 몸값을 결정하는 것이지요.

그런 의미에서 마쓰시타 고노스케松下幸之助는 정말로 탁월하고 존경할 만한 분이 아닐 수 없습니다. 마쓰시타 전기공업을 창업한 그는 경영의 신神이자, 일본 국민이 가장 존경하는 분이기도 하지요. 그 분이 얘기하는 '내가 성공한 이유 3가지'는 우리가 인생을 어떻게 바라보고 어떤 삶의 태도를 가져야 하는지 깨닫게 해줍니다.

나는 하느님이 주신 3가지 은혜 덕분에 성공할 수 있었다.

첫째, 집이 몹시 가난해서 어릴 적부터 구두닦이, 신문팔이 같은 고생을 했고, 이를 통해 세상을 살아가는 데 필요한 경험을 많이 얻을 수 있었다.

둘째, 태어날 때부터 몸이 몹시 약해서 항상 운동에 힘썼으므로 늙어서도 건강하게 지낼 수 있게 되었다.

셋째, 초등학교도 못 다녔기 때문에 세상 모든 사람들을 스승 삼아 아무리 사소한 것이라도 질문하며 열심히 배우는 일을 게을리 하지 않았다.

어떤가요? 누가 이 분의 이야기를 듣고 자신의 환경을 탓하고, 자신의 운을 탓할 수 있을까요? 가난한데다 병약하고 배우지도 못한 자신의 열악한 상황을 오히려 장점으로, 그리고 자기단련의 계기로 삼은 마쓰시타. 결국 같은 상황도, 같은 환경도 우리가 그것을 어떻게 받아들이고 어떻게 대처하느냐에 따라 정반대의 결과를 가져오는 것입니다.

인생은 그 자체가 학교입니다. 그리고 우리는 끊임없이 배우고 성장해야 하는 학생인 것이지요. 어디에 있건, 무슨 일을 하건, 삶은 하루하루가 배움의 연속입니다. 성공적인 인생을 산 사람들은 그것을 잘 알고 열심히 실천한 사람들입니다. 그런데도 많은 사람들이 환경을 탓하며 멀리 있는 무지개만 쫓느라 제자리에서 발을 동동 구릅니다. 다른 곳을 기웃거리느라 지금 여기서 배우는 일을 소홀히 하는 그런 사람들은 다른 환경에 가서도 마찬가지입니다. 또 다른 곳을 기웃거리며 오늘을 게으르게 보낼 핑계를 찾느라 바쁠 뿐이지요. 우리는 자신의 삶을 지배하고 통제하는 만큼만 행복해질 수 있습니다. 아무것도 할 수 없는 환경이란 없습니다.

염려하지 마라

삶은 '만약'을 걱정하고 거부당할 것을 두려워하기에는 너무 짧다.
— T. 듀펙 T. Dufek, 미국의 저술가

살면서 저지를 수 있는 가장 큰 실수는, 실수할까봐 끊임없이 걱정하는 것이다.
— 엘버트 허바드 Elbert Hubbard, 미국의 저술가

미국의 남북전쟁이 극한 상황에 이르렀을 때의 일입니다. 링컨 대통령은 국가의 장래를 걱정하는 사람들과 대화의 자리를 가진 적이 있습니다. 그 때 이 자리에 참석한 어느 청년이 침울하고 비통한 표정을 지으며 말했습니다.

"이렇게 가다가 미국은 끝장나는 것 아닙니까?"

그러자 링컨은 그 청년의 손을 잡고 이런 이야기를 해주었습니다.

"내가 자네와 같은 청년이었을 때 일이네. 나는 훌륭한 인품으로 존경을 받던 한 노인과 가을밤을 바라본 적이 있었다네. 미래

에 대한 두려움으로 가득 차 있었던 나는 무수한 별똥이 떨어지는 것을 보면서 큰 걱정에 빠진 적이 있었어. 그때 그 노인이 내게 뭐라고 말했는지 아는가?

'이보게. 무수한 두려움을 바라보지 말고 저 높은 데서 반짝이는 별들을 보게나.'라고 말씀하셨다네.”

똑같은 별을 바라보면서도, 누구는 떨어지는 별똥별을 보며 불안과 슬픔에 빠지고 누구는 저 높은 밤하늘에 찬란히 반짝이는 별들을 보며 희망과 용기를 얻습니다. 두려운 상황에 눈을 고정시키지 않고 미래의 약속을 바라볼 때 우리는 희망을 갖고 앞으로 나아갈 수가 있습니다. 희망이 있을지, 그리고 그 희망이 어디에 있을지는 다름 아닌 우리의 선택에 달려 있습니다.

유명한 고전 중에 플라톤의 《공화국》이란 책이 있습니다. 그 책에서 플라톤은 우리 모두가 동굴 속에 갇힌 채 바깥세상을 상상하는 사람들처럼, 스스로의 심리적 감옥에 자신을 가두어 놓고 있다고 합니다. 그렇다 보니 자신의 머릿속에 어떠한 인식을 정해두고 그 인식의 올가미에 이끌려서 살게 된다는 것이지요.

예를 들어볼까요? 유난히 책을 좋아하는 사람들이 있습니다. 그들은 어려서부터 책이란 매우 가치 있고 재미있는 것이란 생각을 갖게 된 사람들입니다. 스스로의 욕구에 의해서든, 부모의 권

"나는 무수한 별똥이 떨어지는 것을 보면서 큰 두려움에 빠진 적이 있었어.
그때 그 노인은 '이보게, 무수한 두려움을 바라보지 말고
저 높은 데서 반짝이는 별들을 보게나.' 라고 말씀하셨다네."

유에 의해서든, 처음 접한 책이 흥미로워서든, 책을 좋아하게 된 특별한 계기가 있었을 겁니다.

반면 어떤 이들은 책이란 따분하고 재미없는 것이라는 인식을 갖고 있습니다. 아마도 그들은 처음 책을 접할 때 억지로 그것을 강요받았거나, 처음 읽은 책이 무척 재미가 없었을 수도 있습니다. 그 다음부터 책이란 재미없고 어렵고 지루하다는 인식을 머릿속에 꼭꼭 심어둔 것이지요.

공부는 어떤가요? 아마도 대부분의 사람들이 공부는 어쩔 수 없이 해야만 하는 것, 정말로 재미없는 것, 고통스러운 것으로 인식하고 있을 것입니다. 그래서 항상 '공부는 재미없다', '억지로 하는 것이다'란 인식을 갖고 공부를 하니 공부라면 점점 더 진절머리가 나는 것이지요.

이처럼 우리는 어떠한 사물이든, 어떤 일이든 그것에 부닥쳤을 때 이미 스스로 만들어놓은 심리적 함정에 빠져 그것에 반응하거나 선택을 하게 됩니다. 따라서 성공의 경험이 많은 사람들은 새로운 일에 부닥쳤을 때도 늘 성공을 생각하지만, 반대로 그렇지 않은 사람들은 실패를 먼저 염려합니다. 즉 그런 사람들은 제대로 경험해보기도 전에 '안 될 거야', '실패할 거야', '힘들 거야' 같은 부정적인 염려에 빠지게 됩니다. 그들은 성공을 하더라도 그것이 어쩌다 우연히 된 것이라고 생각하며, 이 성공이 금세 사라지지는 않을까 안절부절못합니다. 행복도 그렇습니다. 이미 자신이 많은 행복을 누리고 있음에도 이 행복이 사라지지는 않을까 염려하느라 행복한 순간을 마음껏 누리지 못합니다.

얼마 전 박태환 선수가 세계수영선수권대회에서 1등을 했습니다. 얼마나 행복했을까요. 그러나 곧바로 시작되는 다음 경기를 위한 훈련에 대한 생각으로 행복한 순간은 잠시뿐이고, 다시 근심이 밀려온다 하니 정말 안쓰러웠습니다. 현재에 만족하거나 안일함에 젖지 않고 미래를 준비하는 태도는 매우 훌륭합니다. 무언가를 이룬 사람들은 대부분 끊임없이 정진하는 사람들이니까요. 그리고 매순간 고된 훈련을 지겨운 것이 아니라 흥겨운 놀이처럼 받아들이는 박 선수의 모습을 보고 제 안쓰러움이 그저 우려에 불과하다는 데 안도했습니다.

그러나 자칫 미래에 대한 지나친 근심은 오히려 독이 됩니다. 그런 사람들은 미래를 준비하기는커녕 염려와 걱정에 빠져 아무것도 못합니다. 이걸 하고 있으면 저게 걱정이 되고, 저걸 하고 있으면 다시 이게 걱정이 되지요. 해도 걱정, 안 해도 걱정입니다. 지나친 염려증이라고 할 수 있지요. 그들은 무엇을 시도하기보다는 잘못될 것을 두려워하느라 늘 제자리에서 꼼짝도 못합니다.

우리는 살면서 수많은 걱정을 합니다. 그러나 그 수많은 걱정들은 사실 실체가 없는 것입니다. 우리가 하는 걱정이란 지금 이 순간이 아닌, 과거와 미래에 속한 일이기 때문입니다. 즉 걱정거리란 대부분 이미 지나간 일, 이미 엎질러진 일을 두고 근심하는 것이고 나머지는 아직 도래하지도 않은 일, 즉 내일 일에 대하여 염려하는 것입니다. 거기에 '지금 이 순간'은 없습니다. 좀 우습지 않나요? 이미 지나간 일, 어찌할 수도 없는 일을 두고 근심하고, 아직 오지도 않은 미래 때문에 염려한다는 것이요. 잘못된 일을 수습하고, 다가올 일에 대해서 철저히 준비하는 것과는 이야기가 다릅니다. 그것은 걱정과 염려가 아니라 일을 처리하는 것이니까요.

인간인 이상 근심이나 염려에서 완전히 자유로울 수는 없습니다. 그러나 쓸데없는 공포나 걱정은 우리의 도전의식과 열정의 불꽃을 사그라지게 합니다. 더욱이 사람의 믿음이란 무서운 것이어서 부정적인 생각을 하면 부정적인 결과가, 긍정적인 생각을 하면 긍정적인 결과가 나올 확률이 높다고 합니다. 그러므로 평소 훈련을 통해 생각의 방향을 가급적 '긍정' 쪽으로 돌리는 것이 매우 좋습니다.

제가 가진 장점 중의 하나도 항상 긍정적이고 낙관적으로 생각하는 습관입니다. 그건 어려서부터 "착한 사람은 누군가가 늘 지켜주신다. 언제 어디서나 매사에 염려하지 말고 지금 하는 일에 집중하라."고 말씀해주신 어머니 덕분입니다. 또한 "걱정과 염려는 현실을 타개하는 데 조금도 도움이 되지 않는다."라고 말씀하시며, 지금 이 순간에 집중하고 총력을 기울일 때 문제가 해결된다는 것을 제게 일깨워주셨습니다. 그래서 저는 어린 시절부터 염려를 극복하는 3가지 습관을 익혔습니다. 그 3가지는 다음과 같습니다.

• 첫 번째, '긍정적인 선택을 한다.'

앞으로 닥칠 많은 일들을 바라볼 때 숱한 생각이 떠오르지만, 그때마다 저는 그 많은 생각들 중에서 '된다'는 생각, '할 수 있다'는 생각을 선택해왔습니다. 물론 의사결정을 할 때는 신중하게 여러 가지 대안을 놓고 분석해보아야 하지만, 그래도 숱한 생각 중에서 '염려'는 제 선택에 포함되지 않았습니다. 생각의 방향이 '염려' 쪽으로 향하면 근심과 걱정거리가 가득 차게 됨을 알기 때문입니다.

• 두 번째, '오늘 할 일은 기필코 오늘 끝낸다.'

시간이야 내일도 있고 모래도 있지만 미래에는 어떤 일이 벌어질지 모르기 때문에, 오늘 내가 계획해놓은 일은 어떤 일이 있어도 기필코 끝내고 맙니다. 갑자기 뜻하지 않은 약속이나 예상치 못한 일들이 벌어지더라도 절대로 오늘 할 일을 내일로 미루지 않습니다. 잠을 안 자고라고 그날 일은 꼭 그날 해치우고 맙니다. '오늘은 어쩔 수 없으니 내일 다 해버리면 되지'라는 생각은 하지 않습니다. 내일은 또 무슨 일이 생길지 모르고, 그 때마다 할 일을 조금씩 미루다 보면 결국 계획해놓은 일들이 도미노가 쓰러지듯이 모조리 무너지리라는 것을 알기 때문입니다. 하루가 무너지면 1주일이 무너지고 1주일이 무너지면 한 달의 계획이 어그러집니다. 그러면 애초에 세운 계획들을 지켜야 할 이유도, 그럴 마음도 생기질 않습니다. 그렇게 해서 자연스레 모든 것을 포기하게 되는 거죠.

다른 사람들이 지독하다고들 이야기하지만, 어쨌든 저는 할 일을 미루지 않는 습관 때문에 제 목표와 비전에 가까이 이를 수 있었습니다. 특히 오늘 할 일을 내일로 미루지 않는 습성이 좋은 것은 쓸데없는 근심을 덜어준다는 것입니다. 왠지 오늘 일을 못 끝내고 나면 내일이 다가오는 게 부담스럽습니다. 내일 할 일이 더 많아졌기 때문이지요. 그리고 마음속으로는 사실 내일도 그것을 다 끝내지 못하리라는 것을 알고 있습니다. 그러니 더더욱 마음이 편할 리 없지요. 여러분도 아마 저와 비슷한 경험을 해본 적이 있을 겁니다. 오늘 공부할 분량을 다 못하고 자면 왠지 마음이 찜찜하고 잠도 잘 오지 않는다는 것을 알 겁니다.

• 세 번째, '안 되는 것은 포기한다.'

세상을 살다 보면 아무리 옳은 선택을 하고, 노력을 해도 잘 안되는 일이 있습니다. 더 많이 노력하고 고민해서 해결할 수만 있다면 끈질기게 붙잡고 해결해나가야겠죠. 하지만 저는 이미 실패가 명백하게 드러난 일이나 그와 비슷한 경우에는 더 이상 미련을 갖지 않고 과감히 단념합니다. 그리고 그것을 제 모자람의 결과로 겸허히 받아들입니다. 이미 '엎질러진 물'을 두고 어떻게든 담아보려고 애쓰거나 후회하고 염려해보았자 공연히 마음만 불편할 뿐입니다.

위와 같은 3가지 습관이 저에게 '염려와 근심'을 극복하게 해주었습니다. 여러분도 어떤 일이 닥쳤을 때, 또 어떤 선택을 할 때 이런 방법을 활용해보시길 적극 권합니다.

염려나 두려움을 극복하는 또 다른 좋은 방법은 그것의 실체를 아는 것입니다. 즉 두려움이란 어떤 감정인지, 그리고 우리는 왜 희망과 낙관 대신 두려움과 염려에 빠지게 되는지를 알면 그것을 극복하기가 훨씬 수월해진다는 얘기지요.

두려움은 영어로 'FEAR'입니다. 그런데 이는 '실제처럼 보이는 잘못된 증거'(잘못된False + 증거Evidence + 보이는Appearing + 실제처럼Real)'의 약자로 해석할 수도 있습니다. 즉 두려움이란 실제 일어나지 않은 일이며, 대부분 우리 스스로 만들어낸 거라는 얘기지요. 그러므로 이 같은 사실을 인정하기 시작하면 생각을 통제하는 일이 훨씬 수월해집니다. 우리가 두려움에 빠지게 되는 것은 크게 2가지 이유에서라고 합니다.

　다른 사람들이 내 행동과 나에 대해 어떻게 생각할 것인가와 관련된 두려움이라고 할 수 있죠. 즉 다른 사람들에게 인정받고자 하는 욕구가 너무 강해서 어떤 이유로든 거부되면 스스로 능력이 없다고 느끼게 되는 현상을 말합니다. 그런데 이처럼 다른 사람들의 생각에 대한 두려움이 삶을 지배하게 하는 순간, 나의 개인적인 힘은 사라지고 맙니다. 더욱이 나에 대한 다른 사람의 생각이나 느낌은 실제 내 모습이나 내가 표현하고자 하는 것과는 별로 상관이 없을 때가 많습니다. 대부분 나를 평가하는 사람의 개인적 만족이나 취향과 관련이 있거나, 그렇지 않다고 하더라도 내 에너지를 온통 투자할 만큼 값진 것은 아닙니다. 다른 이의 의견을 경청하기는 하되, 마음속에 여과기를 두고 걸러서 듣는 훈련이 필요합니다. 그러려면 자아에 대한 정체성, 자신에 대한 믿음 등이 확고해질 필요가 있죠. 이 같은 두려움은 자신의 정신적 성장속도와 비례해 점차 줄어들게 됩니다. 쉽게 말해 성공하고 잘나가고 자신감이 있는 사람들은 남들이 자신에 대해 이러쿵저러쿵 얘기하는 것에 별로 신경을 안 쓰게 된다는 것이죠.

　이 두려움은 내가 한 행동의 결과로 나에게 어떤 일이 일어날까와 깊은 관련이 있습니다. 학교에서의 상황을 생각해보죠. 선생님이 질문을 하나 던지고, 아는 사람은 손을 들라고 말하십니다. 답을 아는 아이들은 즉시 손을 들겠죠. 하지만 답을 모르는 아이들은 책상 뒤로 몸을 웅크리기 시작할 겁니다. 어떻게든 눈에 띄지 않아 선생님의 지적을 피하고 싶어서죠. 그런데 아이러니하게도 선생님 입장에서 보면, 지적받을까봐 완전히 경직되어 있는 아이들이 오히려 눈에 더 잘 띈다는 사실을 아시나요? 많은 사람들이 틀릴까봐, 잘못할까봐, 사람들 앞에서 창피 당할까봐, 경험을 제한하고 삶의 질을 낮춥니다. 그러나 그러면 그럴수록 내 모습은 더욱 사람들 눈에 잘 띄어 더 초라하고 경직되어 보입니다.

우리가 삶에서 배우는 대부분은 모두 일련의 실수 뒤에 온 것임을 기억할 필요가 있습니다. 아기일 때 일어서다 넘어져보지 않았다면 걷지 못했을 것이고, 자전거를 배우다 자빠지지 않았다면 지금 능숙하게 자전거를 탈 수도 없을 겁니다. 무언가에 대한 첫 번째 시도가 원하던 만큼 성공적이지 않아도 괜찮습니다. 그런 마음을 가지면 두려움보다는 도전이, 염려보다는 기대감이 여러분을 휘어감을 겁니다.

그렇다고 두려움이 온통 나쁜 것만은 아닙니다. 사람으로 성장하고 새로운 도전에 직면할 때 우리가 늘 마주치는 것이 두려움입니다. 이렇게 말하는 사람도 있지요. "무섭지 않으면 재미없잖아."

우리를 팽팽하게 긴장시키는 약간의 설렘, 그리고 창조적 두려움은 아주 좋은 두려움입니다. 그것은 우리 삶의 윤활유가 될 수도 있습니다. 그러나 내 삶에 남겨두고 싶지 않은 것들을 버리는 데 두려움을 느낀다면, 내가 가고 싶은 길을 가는 데 두려움이 방해를 한다면 그것은 문제가 있습니다. 그러므로 두려움이 만들어내는 감정을 감당하기 시작하고, 두려움이 나에게서 앗아가는 것이 무엇인지 정확히 인식하게 되면, 더 열정적인 이유나 더 강력한 감정을 찾을 수 있고, 삶에서의 현재 위치를 넘어설 수 있게 됩니다.

이기는 습관을 가진 사람들의 공통점 하나는 스스로 염려를 극복한다는 것입니다. 그 걱정거리가 개인적인 것이든 환경적인 것이든, 습관적으로 그것들에 얽매이지 않는다는 것입니다.

성공은 기대를 갖고 자신을 철저히 믿으면서 열심히 일한 끝에 얻어지는 것입니다. T.C. 하워드T.C. Howard가 〈포브스Forbes〉지에 발표한 다음의 글은 여러분에게 격려와 용기를 줄 것입니다.

어제는 지나갔습니다, 그것은 그저 꿈이었을 뿐,
과거는 다만 기억에 지나지 않습니다.
내일은 희망이라는 스크린에 투영되는 것,
환영이나 가상의 세계입니다.
왜 어제의 병으로 한탄하며 추억을 슬픔으로 물들입니까.

왜 내일 일어나지도 않을 일을 초조해하고 고민합니까.

어제는 지나갔습니다, 결코 다시 오지 않습니다,

오직 평온과 안식만이 남아 있을 뿐.

아무도 내일을 알지 못합니다,

그 위안으로 삼을 것은 희망과 믿음과 신념입니다.

내가 가진 것이라곤 지금 이 순간뿐,

잘 쓰는 것도 헛되이 쓰는 것도 내게 달려 있습니다.

그렇지만 나는 알고 있습니다,

나의 미래가 오늘을 어떻게 사느냐에 달려 있다는 것을.

지금 이 순간 나의 과거와 미래는 내가 창조하는 것,

지금 내가 하고 있는 행동과 일에 의해,

지금 내가 사용하는 언어와 생각에 의해,

내가 선택하는 대로 그것을 만듭니다.

그러므로 난 미래를 두려워하지 않으며,

과거를 슬퍼하지도 않습니다.

오늘 할 수 있는 모든 걸 하기 때문에,

마치 지금이 마지막인양 이 순간을 살기 때문에.

PART 02

성취의 습관,
쫓기지 말고 즐겨라

'오늘' 못한 일은 '내일'도 할 수 없습니다. '다음'이 없다는 걸 잘 알면서도
'다음에', '나중에'라는 편안한 말로 자신을 속이고 있지는 않나요?
명확한 목적이 있는 사람은 가장 험난한 길에서조차도 앞으로 나아가고,
아무런 목적도 없는 사람은 순탄한 길에서조차도 앞으로 나아가지 못합니다.

모든 일에는 때가 있다

미루는 버릇은 자멸의 씨앗이다.
– 매튜 버튼matthew Burton, 미국의 풋볼선수

내일이 곧 지금이다.
– 엘리너 루스벨트 Eleanor Roosevelt, 최초의 여성 유엔 인권위원장

저는 무엇이든 배우기를 좋아합니다. 요즘엔 퍼블릭 스피치public speech를 배우고 있습니다. 책을 낸 후 강연할 기회가 많아지다 보니 아무래도 전문적인 교육을 받는 게 좋을 것 같아서였지요. 처음에 스피치 학원에 다닐 거라고 했더니 주변에서 극구 만류를 하고 나서더군요. 모든 것은 때가 있다는 것입니다.

그래도 저는 주위의 만류를 뿌리치고 기어이 스피치 학원에 등록을 했습니다. 그런데 요즘 그 사실을 아주 절감합니다. 같이 배우는 다른 어린 학생들은 하루가 다르게 실력이 쑥쑥 늘어가는데 저는 욕심만큼 실력이 향상되질 않더군요. 이미 성인이 되고 중년이 지나 뼛속 깊이 굳어진 언어습관을 고치는 게 얼마나 어려운 일인지 절실히 깨닫는 순간이었지요. 역시 배움에는 때가 있구나 하는 생각이 들었습니다. 이럴 줄 알았다면 어릴 적에, 아니 조금이라도 더 젊었을 적에 배워두었더라면 좋았을 텐데 하는 생각이 굴뚝같더군요. 그렇다고 포기할 생각은 없습니다. 저에게 꼭 필요한 일이라면 지금이라도 시작하는 게 옳으니까요.

요즘은 우리 청소년이나 젊은이들이 골프나 스케이팅, 수영 같은 스포츠에서 발군의 성적을 거두는 걸 보고 참 깜짝깜짝 놀라곤 합니다. 불과 10여 년 전만 해도 상상할 수도 없던 일이었죠. 권투나 레슬링, 축구나 배구 같은 건 몰라도 골프나 스케이팅이나 수영은 얼마 전까지만 해도 명함도 못 내밀던 종목이었기 때문입니다. 그런데 요즘은 어떤가요? 피겨 스케이드 요정 김연아, 골프의 박세리, 미셸 위, 수영의 마린보이 박태환 등 우리 선수들이 세계적인 대회에서 메달을 휩쓸고 있지 않나요?

무엇이 그것을 가능케 했을까요? 그들의 공통점은 무엇인가요? 바로 어린 시절부터 훈련을 해왔다는 것입니다. 예전에, 그러니까 제가 자랄 때만 해도 우리나라에서는 특히 골프나 스케이팅 같은 종목을 어려서부터 접할 기회가 드물었습니다. 그래서 겨우 청소년기나 성인이 된 이후에 시작하다 보니 어린 시절부터 연마해온 외국선수들을 아무리 해도 따라잡을 수 없었던 거죠.

이런 이야기가 있지요. 어느 날 갑자기 2m가 넘는 나무를 뛰어넘는 것은 불가능하지만, 나무를 심어 놓고 어린 시절부터 매일 뛰어넘는 연습을 하다 보면 그 나무가 성장해도 계속 뛰어넘을 수 있다는 이야기 말이죠. 처음엔 50cm도 안 되던 나무가 어느 새 100cm가 되고 또 자라서 2m를 훌쩍 넘게 되어도 어제 넘었던 나무이기에 오늘도 가뿐히 넘을 수 있다는 겁니다. 눈에 안 보이게 나무가 하루하루 자라고 있는데도 말이죠. 배움도 이와 같습니다. 하루하루는 별 차이가 없는 것처럼 보이지만 1년 뒤에 돌아보고 2년 뒤에 돌아보면 어느 새 자신의 실력이 놀랄 만큼 향상되어 있는 걸 알 수 있죠. 그래서 밥을 먹듯, 숨을 쉬듯 익숙하게 바이올린을 켜거나 화려한 점프를 할 수 있는 겁니다.

여러분이 공부를 하고 학교에 다니는 시기, 즉 어린 시절부터 청소년기까지는 우리가 평생 살아갈 밑천을 쌓는 시기입니다. 그 밑천이 어떠냐에 따라 남은 평생의 인생이 달라집니다. 또 이 시기는 새로운 것을 학습하고 훈련하는 데 가장 적합한 시기이기도 합니다. 예술이나 스포츠 같은 신체적, 감성적 훈련이든 공부와 같은 두뇌의 학습이든 우리의 몸과 마음, 머리가 가장 효율적으로 학습할 수 있는 시기가 바로 이 때라는 거지요. 뇌의 성장이나 학습능력은 이미 20세 전에 대부분 형성되기 때문입니다.

모든 배움에는 때가 있습니다. 성인이 되어서도 우리는 끊임없이 배우고 성장해야 합니다. 그러나 그때 배울 것과 청소년기에 배우는 것은 현격한 차이가 있습니다. 성인이 된 후에는 대부분 다양한 경험을 통한 문제해결 능력과 지혜를 배웁니다. 이에 반해 청소년기에는 보다 보편적인 지식이나 성인이 된 후 문제해결에 도움이 되는 기초능력을 습득하는 단계라고 할 수 있죠. 따라서 청소년기에 능력을 키워 놓지 않으면 성인이 되어서도 문제해결 능력이나 학습능력이 남들보다 떨어진다는 이야기가 됩니다.

사실 저도 대학을 다니고 석사를 거쳐 박사학위까지 받았지만 실상 제가 알고 있는 대부분의 지식은 모두 대학 시절까지 배웠던 지식입니다. 아니 어쩌면 고등학교 때까지라고 하는 게 더 옳을지도 모르겠습니다. 삶을 살아가는 데 유용하고 보편적인 교양이 되는 지식은 사실 그때까지 배운 게 다라고 해도 과언이 아니니까요. 대학 졸업 이후부터는 전공이나 직업을 얻기 위한 전문적이고 세부적인 지식이라 사실 특별한 일을 할 때 빼고는 그다지 써먹을 데도 없더군요.

거듭 말하지만 인생에서 가장 중요한 시기는 젊은 시절입니다. 특히 청소년기야말로 성인이 된 후의 수십 년과도 바꿀 수 없는 가장 귀중한 시간입니다. 더욱이 대부분의 경우 부모님 지원 아래 경제적으로나 정서적으로나 다른 일에 대한 부담 없이 지식을 쌓을 수 있는 절호의 기회입니다. 한 시간만 더 자고 한 시간만 더 놀고, 하고 싶은 것 다 하고 나서 공부하자는 달콤한 유혹에서 벗어나 '모든 일에는 때가 있다'라는 각오로 움직여야 합니다.

그러나 공부라는 게 참 만만치 않습니다. 게다가 요즘엔 본질이 왜곡되어 진정한 학문의 즐거움은 사라지고 오로지 점수와 성적에 연연하는 의무감으로서의 공부만 존재하는 것 같아 정말 안타깝습니다. 학력이 한 사람의 사회적 계급이나 삶의 질을 결정하는가 하면, 사회라는 서바이벌 게임에서 패자가 되지 않기 위한 자격증처럼 되어버린 것도 사실이지요. 그러다 보니 공부의 즐거움을 만끽하기가 참 어렵습니다.

물론 사회적 현실을 하루아침에 바꿀 수는 없습니다. 다만 여러분만큼은 '내가 왜 공부를 하는가?' 그리고 '공부란 무엇인가?'라는 근본적인 질문에서 출발하시기 바랍니다. 그것을 깨달아야 공부가 즐거워지고 진정한 실력도 생깁니다. 기왕에 하는 공부라면 "아, 오늘도 이걸 하나 깨달았구나.", "아, 선배들이 평생 연구한 고마운 진리를 나는 1분 만에 알 수 있게 되다니 너무 고마운 일이구나."라고 생각하면 공부가 좀더 즐거워지지 않을까요?

우습겠지만 저도 어릴 적엔 공부가 하기 싫어 우리 집 강아지를 부러워했던 적이 있었습니다. 하기 싫은 숙제도 안 하고 뒹굴뒹굴 놀고 있는 강아지를 보면서 "넌 참 좋겠다. 공부 안 해도 되니까…." 하고 말했던 기억이 있습니다. 그런데 어느 날 책을 보다가 그게 아니란 걸 깨달았습니다. 호랑이나 사자 새끼 같은 동물들도 살아남는 법을 공부해야만 한다는 거예요. 사냥을 하는 법에서부터 몸을 숨기는 법, 독초를 가려내는 법, 도망치는 법에 이르기까지, 온갖 생존의 법칙을 철저히 학습하더군요. 아닌 말로 사람은 못 배웠다고 해도 당장 죽는 건 아니지만, 동물들은 제대로 못 배우면 그야말로 목숨을 잃을 수밖에 없는 처절한 생존훈련을 해야만 한다는 것이죠.

의무라고 생각하면 정말로 지겨운 것이 공부입니다. 그러나 다시 한 번 생각해보죠. 우리가 인생이라는 긴 여정을 좀더 지혜롭고 행복하게 살기 위해 하는 것이 공부입니다. 아주 어린 시절 여러분은 호기심이 가득한 눈으로 엄마의 눈동자를 응시하면서 이렇게 묻곤 했을 것입니다.

"엄마~ 음음~ 하늘은 왜 파란 색이야?", "엄마~ 아가는 어디서 나와?", "엄마~ 나는 어떻게 해서 생겨났어?", "엄마~ 왜 얼음이 녹으면 물이 돼?" 등등….

저도 우리 아이들이 하도 뒤를 졸졸 따라다니며 하루에도 수십 번씩 질문을 해대는 통에 어떤 때는 슬그머니 도망을 치기도 했었지요. 바로 그러한 인간의 원초적 호기심, 그리고 모든 사물의 원리와 진리에 대한 탐구 욕구에서 출발한 것이 다름 아닌 공부입니다. 즉 인간만이 단순한 생존학습의 차원을 넘어 무한한 진리와 지식을 후손들에게 알려주고 전수합니다. 그것이 학문이고 여러분이 배우고 탐구하는 공부입니다. 인류가 수십만 년 동안 쌓아온 지혜의 보물창고라고 할 수 있지요. 그리고 그것이야말로 동물과 인간을 구별하는 중요한 척도라고 할 수 있습니다. 만약 여러분이 어린 시절 반짝이는 호기심으로 사물의 이치를 하나하나 깨치던 즐거움을 되찾는다면, 그리고 그런 마음으로 공부를 대한다면 얼마나 즐거울까요?

비단 '공부'만이 아닙니다. 그것은 여러분이 하는 모든 일에 해당이 됩니다. 예술혼을 불태우든, 기술을 연마하든 마찬가지입니다. 이 시기에 여러분은 미래의 꿈을 위해, 미래의 행복을 위해 육체적으로 정신적으로 자신을 연마해 두어야 합니다. 육체적인 체력 역시 청소년기까지를 어떻게 보냈느냐에 따라 평생 건강이 좌우된다고 합니다.

우리가 현명한 사람이 되는가 어리석은 사람이 되는가는 '지금'을 어떻게 보내느냐에 좌우됩니다. 인생의 성공과 실패, 보람과 가치 역시 오직 '지금'을 어떻게 보내느냐에 따라 결정됩니다.

많은 사람들이 멋진 꿈과 훌륭한 인생을 꿈꾸었지만 '내일' 또는 '다음에'라는 말에 속아 그렇고 그렇게 삶을 허비하는 것을 많이 봅니다. '오늘' 하지 못한 일은 '내일'이 와도 할 수 없습니다. '다음'이라는 편안한 말에 속지 마십시오. '다음'이 오지 않은 채로 우리의 인생이 끝날 수도 있습니다. 내일은 없다고 생각하고, 오늘 해야 할 일은 아무리 작고 사소한 것이라도 지금 당장 시작 하십시오. 일을 자꾸만 미루다 보면 게으름이 습관이 되고 도태 와 퇴보라는 원치 않는 선물이 여러분을 찾아올 것입니다.

오늘 여러분이 해야 할 일, 배워야 할 것은 무엇인가요? 오늘 하지 않으면 후회할 일들은 무엇인가요?

목적지는 빨리 정할수록 좋다

사람들은 게으르지 않다. 다만 무기력한 목표를 가지고 있을 뿐이다.
아무런 영감을 부여하지 않는 그런 목표들 말이다.
– 앤서니 로빈스Anthony Bobbins, 미국의 저술가이자 강연가

겨누지 않고 쏘면 100% 빗나간다.
– 웨인 그레츠키Wayne Gretzky, 미국의 아이스하키 선수이자 감독

"깊은 의미를 지닌 목표가, 이루어야 하는 꿈이 우리의 마음을 움직여 자극할 때, 그 때가 우리들이 진정 살아 있는 순간이다.

모든 위대한 사람은 몽상가다. 그들은 봄날의 부드러운 아지랑이 혹은 긴 겨울 저녁의 새빨간 난롯불을 보며 꿈을 꾼다. 우리 중 일부는 그런 대단한 꿈이 사그라지게 놔두지만, 어떤 사람들은 그것을 키우고 보호한다. 그들은 그것을 힘겨운 날에도 돌보아, 꿈의 실현을 진심으로 희망하는 자에게 언제나 찾아오게 마련인 따스한 햇빛과 불빛을 만나게 한다.

당신은 당신 자신의 운명의 건축가이고 당신 자신의 운명의 주인이며 당신 자신의 인생의 운전사다. 그러므로 당신이 할 수 있는 것, 가질 수 있는 것, 될 수 있는 것에 한계란 없다."

최근 《성공명언 1001》이라는 책에서 발견한 감동저인 글귀입니다. "이루어야 하는 꿈이 우리의 마음을 움직여 자극할 때, 그때가 우리들이 진정 살아 있는 순간"이라는 말이 정말 가슴에 와 닿더군요. 결국 가슴을 고동치게 하는 꿈이 없다면 살아 있어도 살아 있는 게 아니라는 말입니다.

"사는 재미가 없어요. 뭐 신나는 일이 있어야 말이죠."

요즘 이런 말을 내뱉는 사람들이 너무 많아진 것 같습니다. 그런 사람들은 백이면 백 꿈이 없습니다. 하늘에서 돈벼락이나 떨어지면 좋겠다고 바라는 게 꿈이라면 모를까, 정말 자신이 하고 싶은 일이나 도달하고 싶은 목적시가 없습니다. 그러니 무슨 재미가 있겠습니까? 목적지가 없으니 자신이 지금 어디에 서 있는지도 당연히 모르겠지요.

시장에서 40년 동안 순대를 팔아 모은 돈으로 가난한 학생들에게 장학금을 준 한 할머니가 계십니다. 엄동설한에 갈라터진 손으로 그 힘든 일을 하시면서도 그 분은 "사는 재미가 없다."고 말씀하지 않으셨습니다. 자식도 손자도 없이 외롭게 사셨지만, 새벽잠도 못 자고 노구에 그 모진 일을 하시면서도 할머니의 얼굴엔 웃음이 떠나지 않으셨다고 합니다. 상식적으로 얘기하면 그 분이 사는 데 무슨 재미가 있으셨겠습니까? 그러나 그 분을 일으켜 세우고 삶의 기쁨과 의미를 찾아준 것, 그것은 바로 소박하지만 위대한 그 분의 꿈이었습니다.

"가난한 학생들에게 배움의 기회를 주고 싶다. 그래서 그들이 이 땅의 훌륭한 인재가 되게 하겠다."

이 같은 삶의 목표는 비록 다른 사람을 위한 것이었지만, 할머니에게 살아갈 수 있는 원동력이자 힘이 되어주었습니다. 만약 할머니에게 그런 꿈이 없었다면 하루하루가 얼마나 덧없고 힘들기만 했을까요! 어쩌면 할머니가 건강하게 장수하실 수 있었던 것도 그러한 기쁨과 사명이 있었기 때문일 것입니다.

사람이란 목표가 뚜렷하면 비록 오늘 힘들고 고되어도 힘이 납니다. 반면 삶의 목표가 사라지면 인생의 빛도 함께 꺼지고 맙니다.

언젠가 제가 잘 아는 지인으로부터 참 가슴 뭉클한 이야기를 들은 적이 있습니다. 그녀는 30대 중반이 넘도록 독신으로 지내다가 얼마 전 늦은 나이에 결혼을 했습니다. 그런데 공교롭게도 결혼 직후 갑자기 그녀의 할머니가 돌아가셨다는 겁니다. 평소에 "내가 너 시집가는 것 보기 전엔 못 죽는다."고 입버릇처럼 얘기하셨다던 할머니는 손자손녀들 중에서도 유독 맏이인 그녀를 끔찍이 사랑해주셨다고 합니다. 아흔이 넘어 초기 치매증상까지 있었지만, 맏손녀가 먹을 것 입을 것이라면 당신 몸이 부서져라 챙겨주시곤 하셨던 할머니가 갑자기 운명을 달리하신 것입니다. 마치 이제는 할 일을 다 했다는 것처럼. 그녀는 눈시울을 붉히며 말했습니다.

"할머니에게는 제가 삶의 존재 이유였던 것이지요. 살아 계실 땐 그게 오히려 부담스럽고 성가셔서 핀잔을 드리곤 했었는데 그렇게 갑자기 가시다니…. 정말 가슴이 아파요."

물론 세상엔 '우연'이 많습니다. 그러나 분명한 건 그 할머니에게는 큰손녀 뒷바라지하는 게 가장 중요한 삶의 목표였을지도 모른다는 겁니다. 아흔이 넘은 고령의 나이에 자신의 존재가치를 느낄 수 있는 유일한 일이었을 수도 있고요. 그녀의 결혼과 함께 자신이 할 일이 없어지자 그만 인생의 빛도 꺼져버린 것이지요.

삶의 목적만큼 인생을 살아가는 데 키다란 비팀목이 되어주는 것은 없습니다. 사람은 단순히 잘 먹고 잘 잔다고 행복한 것은 아닙니다. 아무 일도 하지 않고 먹고 놀기만 하면 편할 것 같지만, '이유가 없는 삶'은 오히려 고통인 셈이지요.

여러분이 공부를 하거나 기술을 연마하거나 어떤 일을 배울 때도 마찬가지입니다. 뚜렷한 삶의 목표와 비전, 나아가 사명이 있다면 그 일이 훨씬 더 신나고 재미있어질 겁니다. 힘들고 지칠 때도 빛나는 미래를 바라보며, 그리고 그 길을 향해 한 발 한 발 다가가고 있는 자신의 모습에 다시 힘이 불끈 솟아오르게 됨을 느낄 것입니다.

만약 황영조, 이봉주 선수 같은 마라토너에게 평소 경기 때처럼 마라톤 풀코스(42.195km)를 정해주고 뛰라고 했을 때와, 그냥 뛸 수 있는 데까지 뛰어보라고 했을 때 어떤 결과가 나올까요? 즉 중간에 이정표나 반환점 같은 목표 지점도 없이 무작정 뛰라고 하면 그들이 과연 42km를 완주할 수 있을까요? 설령 완주했다고 하더라도 그 기록은 어떨까요? 목표 지점을 정확히 알고 뛰는 것과 그렇지 않고 42km가 될 때까지 무작정 뛰는 것에는 아마도 엄청난 차이가 있을 겁니다. 학창시절에 저도 오래달리기를 했던 기억이 나는데, 숨이 턱밑까지 차올라 더는 한 발짝도 못 갈 것 같은 순간이라도 마지막 한 바퀴만 더 돌면 된다고 생각하면 이상하게도 젖 먹던 힘까지 솟아오르는 걸 느낄 수 있었지요.

이처럼 우리를 가장 고무시키고 어떤 시련에도 굴복하지 않게 하는 것이 바로 '꿈'입니다. 막연한 꿈이 아니라 뚜렷한 비전이나 목표의식이 있어야 합니다. 아무런 목표의식 없이 무조건 열심히만 하는 것은 힘듭니다. 돈을 모을 때도 '1년 동안 100만 원을 모아야지!' 하고 목표를 세우면 뭔가 사려고 하다가도 꾹 참고 아끼게 되지만, 그렇지 않으면 푼돈이라도 함부로 써버리게 되는 것과 같은 이치지요.

신나는 인생, 더 성공적인 인생, 행복한 인생을 살기 위해서는 삶의 지향점이 뚜렷해야 합니다. 아무리 친구들과 어울려 신나게 놀고 갖은 개구쟁이 짓을 다 해도 언젠가는 그것도 시들해지고 허무해지게 마련입니다.

신나는 일이 없다는 청소년들에게 "어떤 게 신나는 건가요?" 하고 물어보면 대개 대답을 못하고 우물거립니다. 뭐가 신나는 일인지 깊이 생각해본 적도 없기 때문입니다. 그건 성인이 된 어른들도 마찬가지입니다. 그저 막연히 뭔가 신나는 일이 없을까 두리번거릴 뿐입니다. 그래서 술과 도박, 마약에 빠지고 탈선의 길을 걷게 되는 사람들이 많습니다.

얼마 전 인천에서 중학교 영어교사를 하고 있는 한 선생님과 만나서 요즘 청소년들에 대해 많은 이야기를 나눌 기회가 있었습니다. 저는 그 선생님의 이야기를 듣고 깜짝 놀랐습니다. 약 한 달 전에 그 학교에서 전교 1등 하는 남학생이 기말고사를 본 후 갑자기 정신병원에 입원을 했다고 합니다. 그런데 그 학생의 일기에 쓰인 내용이 너무 충격적이었습니다.

"세상이 너무 재미없다. 신나는 게 하나도 없다. 지금은 게임도 재미없다. 1등을 해도 재미가 없다."

부유한 집안에다 전교 1등에 공부도 잘하고 남부러울 것이 없는데 왜 그랬을까요? 그것은 바로 명확한 꿈이 없었기 때문입니다. 부모님 성화에 과외다 학원이다 해서 밤늦도록 끌려 다니며 공부하고 머리도 우수해서 성적은 잘 나왔지만, 자신이 왜 공부를 해야 하는지, 무엇을 위해 이토록 강박관념에 시달리며 살아야 하는지 그 이유를 알지 못했기 때문입니다.

그러므로 여러분! 원대한 꿈을 세우십시오. 어디로 가는 배인지 자신에게 그 '목적지'를 보여주십시오. 자신이 진정으로 하고 싶은 일이 무엇인지, 그리고 그렇게 하기 위해서는 단계적으로 어떤 목표와 비전을 가져야 하는지를 알아야 합니다. 가능한 한 빠를수록 좋습니다. 설령 중간에 방향이나 궤도를 약간 수정한다고 해도 상관없습니다. 아무 목적도 없이 가는 것보다는 일정 기간까지는 목적지가 있는 것이 도움이 됩니다.

1년 안에 나는 어떤 모습, 어떤 수준으로 성장해 있을지, 그리고 그 안에서 나 자신은 얼마만큼 꿈과 가까워져 있을지를 알고 사는 것과 모르고 사는 것에는 엄청난 차이가 있습니다. 현재 내가 어디까지 왔고, 궁극적으로 다다르려고 하는 목적지, 즉 '성공의 기준'이 무엇인지를 알면 열정과 용기가 저절로 샘솟습니다.

만약 아직까지 자신이 하고 싶은 일이 정확히 무엇인지, 자신의 소질이 무엇인지 모르겠다면 부모님이나 선생님, 선배들에게 도움을 청하세요. 그것이 어렵다면 도움을 주는 책들이 서점에 많이 나와 있으니 참조하셔도 좋습니다.

명확한 목적이 있는 사람은 가장 험난한 길에서조차도 앞으로 나아가고, 아무런 목적도 없는 사람은 순탄한 길에서조차도 앞으로 나아가지 못합니다. 우리의 목표는 계획이라는 수단에 의해서만 도달할 수 있습니다. 성공에 이르는 다른 길은 없습니다. 실행하기 위한 전략, 구체적이고 명확한 목표가 필요합니다. 그리고 그것이 제2의 천성이 되도록 늘 마음속에 새겨야 할 것입니다.

이기는 사람은
열정의 온도가 다르다

성공이란 당신이 가장 '즐기는 일'을
당신이 가장 '좋아하고 존경하는 사람들' 속에서
당신이 가장 '원하는 방식'으로 행하는 것이다.
– 브라이언 트레이시Brian Tracy, 미국의 자기계발 전문가이자 작가

어떤 일이든 열정만으로 90%의 문제를 해결할 수 있다.
– 도널드 트럼프Donald Trumph, 미국 최대의 부동산 재벌

"칭기즈칸에게 '열정'이
없었다면, 그는 평범한 양치기에 불과했을 것이다."

혹시 여러분도 이 광고를 본 적이 있나요? 언젠가 TV에서 이 광고를 보고 무릎을 탁 치며 감탄했습니다. 광활한 대륙을 포효하며 질주하던 칭기즈칸의 모습이 돌연 양떼를 몰고 가는 양치기로 변하며 들려주는 이 한 줄의 카피는, 순간 폭소를 자아내면서도 저의 가슴을 쿡 찔러오더군요.

열정이란 무엇일까요? 평범한 양치기가 될 뻔한 칭기즈칸을 대제국의 지배자로 만든 그 힘! 돈도, 지식도, 훈련된 기술도,

경험도 따라잡을 수 없는 그 불가사의한 힘! 보잘것없는 목동 다윗이 팔척 거구 골리앗을 쓰러뜨리게 만든 그 도깨비 같은 힘! 오직 인간에게만 있는, 저 마음속 깊은 곳에 자리한 이 뜨거운 용광로의 정체는 대체 무엇일까요?

아닌 게 아니라 무언가를 성취하거나 일찍이 성공의 반열에 오른 이들은 하나같이 뜨거운 열정의 소유자들이었습니다. 랠프 왈도 에머슨Ralph Waldo Emerson은 "열정 없이 얻을 수 있는 위대한 것은 존재하지 않는다."고 했고, 제너럴 일렉트릭 사의 전 회장 잭 웰치Jack Welch도 리더가 갖추어야 할 4가지 덕목 중 첫 번째로 열정(Energy)을 꼽았었지요.

그만큼 우리 인생에 있어서 열정이 가진 힘은 막강합니다. 열정을 가진 사람은 만나는 순간 그 에너지가 온몸으로 확 뿜어져 나옵니다. 경쾌하고 잰 걸음으로 바쁘게 움직이는 그들의 걸음걸이에서는 '슈슈슉~' 소리기 날 지경이지요. 딩딩한 자부심으로 어깨는 봉긋 솟아 있으며, 눈에서는 열정과 집념의 광채가 납니다. 그들은 누가 시켜서 하는 것이 아니라, "이 일은 나의 예술이며, 나의 자부심이다."라는 표정이 역력합니다. 그들은 자신이 하는 일에 신명이 나서 '목표'라든가 '해야 한다'는 당위가 없어도 알아서 스스로 움직이지요.

아무리 능력이 뛰어나고 지식이 출중해도 자기 일을 의무감으로 하는 사람들에게는 열정이 솟아나올 리 없습니다. 그리고 열정이 없는 곳에 성공이 찾아올 리도 없습니다. 생활의 도미노 법칙을 깨뜨리지 않으면 성공은 찾아오지 않습니다. 그렇다면 어떻게 해야 열정이 넘치는 삶을 살 수 있을까요?

카네기 철강회사 회장으로 역대 최대 부호 중 한 명인 앤드류 카네기Andrew Carnegie의 사무실에는 초라한 그림 한 폭이 걸려 있었습니다. 그런데 나룻배 하나만 덩그러니 그려진 이 보잘것없는 그림을 카네기는 보물처럼 아꼈다고 합니다. 그 이유는 무엇일까요?

카네기는 아주 가난한 집안에서 태어나 젊은 시절 갖은 고생을 다했지요. 그런 춥고 배고픈 시절, 카네기는 우연히 그 그림을 보고 그 자리에 얼어붙어 버렸습니다. 바로 그림 속 나룻배 밑에 화가가 적어 놓은 다음 글귀를 읽고서였지요.

"반드시 밀물이 밀려오리라. 그 날 나는 바다로 나아가리라."

그 후 그는 자신의 생에도 밀물이 밀려올 날을 기다렸습니다. 아무리 힘든 일이 닥쳐도 밀물이 밀려올 그 날을 생각하며 꿋꿋이 시련을 극복했지요. 그리고 마침내 세계적인 부호가 되자 어려운 시절 자신에게 용기를 심어준 그 그림을 아주 비싼 값에 사들인 것입니다. 카네기는 후일 카네기재단을 만들어 자신이 번 돈을 모두 자선활동과 교육사업에 투척했습니다.

삶의 열정을 갖기 위해서는 여러분도 밀물이 밀려올 그 날을 꿈꾸며 마음속에 커다란 꿈을 품어야 합니다. 그리고 밀물이 들어

오는 날 바다로 나아가기 위해서 준비를 해야 합니다. 바로 지금
부터 말입니다.

열정은 가슴이 뛰고 심장이 두근거리는 '꿈'에서 비롯됩니다.
하고 싶은 일이 없는 사람에게서 열정이 샘솟을 리 만무하니까요.
특히 그 꿈이 이웃과 사회, 인류를 위한 가치 있는 일일 때 열정
은 수십 배로 커집니다. 사람은 자기 자신만을 위한 일을 할 때보
다 누군가를 위해서 일할 때 더 놀라운 에너지가 솟는다고 합니
다. 역사상 위대한 일을 한 사람들이 모두 그랬습니다. 앨버트 슈
바이처 박사가 그랬고, 마틴 루터 킹 목사가 그랬으며, 마더 테레
사 수녀가 그랬습니다. 백성들을 위한 나라를 건설하기 위해 헌
신한 대조영이 그랬고, 나라를 위해 싸운 이순신 장군이 그랬습
니다. 그런 사람들 주위에는 사람들이 따르고 모여들게 마련이며
그들의 에너지가 배가되어 놀라운 기적을 일구어냅니다.

앞서 얘기한 앤드류 카네기도 그 대표적인 예입니다. 그는 인
간의 일생을 2기로 나누어, 전기에는 부富를 축적하고, 후기에는
축적된 부를 사회복지를 위하여 투자해야 한다는 신념을 지니고
있었으며, 이를 실천한 위대한 인물이었습니다.

열정적인 삶을 사는 또 하나의 방법은 자신이 하는 일에 태산
같은 자부심을 갖고, 매사에 최선을 다하는 것입니다. 아무리
보잘것없는 일일지라도 그것이 도둑질이나 나쁜 일이 아닌 이상

이 세상에 가치 없는 일은 없습니다. 다음 이야기를 한번 읽어볼까요?

돌을 다듬고 있는 석공 세 사람이 있었습니다. 길을 가던 한 나그네가 그들에게 다가와 "지금 뭘 하고 있는 거요?"라고 물었습니다. 그러자 첫 번째 석공은 "보면 모릅니까? 돌을 깨고 있지 않습니까? 등뼈가 휘어지도록 일해 봐야 몇 푼 받지도 못하지요. 정말 못할 짓입니다." 하고 말했습니다. 두 번째 석공은 "가족들을 먹여 살리기 위해 일을 하고 있지요. 이런 험한 일은 먹고사는 것만 해결되면 당장 때려치울 겁니다." 하고 대답했습니다. 그러나 세 번째 석공은 환하게 웃는 얼굴로 "저는 성당 지을 때 쓸 돌을 다듬고 있습니다. 비록 제가 다듬는 돌은 건물의 일부에 불과하지만 완성되면 정말 아름다운 성당이 될 겁니다. 나중에 성당이 완공되면 꼭 보러오세요."라고 대답했습니다. 그는 콧등에 송글송글 맺힌 땀방울을 소맷부리로 쓱 훔쳐내고는 다시 콧노래를 부르며 돌을 다듬기 시작했습니다.

자, 여러분! 마지못해 돌을 깨고 있는 사람과 미래에 완성될 아름다운 성당을 생각하며 돌을 다듬고 있는 사람, 누가 더 행복할까요? 누가 더 큰 보람을 느끼고 열정적으로 일할까요? 나중에 누가 더 멋지게 성공하고 그 분야의 뛰어난 명인이 될까요?

설령 구두 한 짝을 수선하더라도 그것을 신을 사람을 생각하며 좀 더 편하고 아름답게 만들고자 하는 사람과 생계를 위해 마지못해 하는 사람은 얼굴 표정부터가 다릅니다. 자신의 일에 가치를 부여하고 자부심을 가진 사람들은 누가 뭐래도 그 일을 하는 것이 행복합니다. 그런 마음으로 일을 하니 결과가 당연히 좋을 수밖에 없고, 사람들도 그를 좋아합니다. 그러니 그것이 그를 성공적인 인생으로 이끌어주는 거죠.

로리 베스 존스 Laurie Beth Jones가 쓴 《영적 기업가 예수》라는 책을 보면 "당신이 하는 모든 일을 하나님께 바치듯 하라."라는 구절이 있습니다. 참으로 폐부를 찌르는 말이 아닐 수 없습니다. 만일 의자를 만드는 목공이 그 의자를 하나님께서 사용하실 물건이라고 생각하고 만든다면 어떻게 할까요? 그 의자의 재질이며, 모양이며, 견고함이며, 편안함이며, 어느 것 하나 소홀히 할 수 있을까요?

이는 여러분이 무신론자이든 어느 종교를 가졌든 마찬가지입니다. 자신의 마음속에 있는 가장 높은 분, 가장 존경하는 분을 떠올리면 됩니다. 그 분께 바칠 물건, 그 분께 바치는 일이라고 생각하고 임한다면 매사에 어떻게 열정과 헌신이 생기지 않을 수 있겠습니까?

지금 여러분이 하는 일은 무엇인가요? 그것이 공부든, 부모님을 돕는 일이든, 봉사활동이든 매순간 자신이 하는 일에 최선을 다해야 합니다. 그리고 훗날 여러분이 선택한 일을 할 때도 마찬가지입니다.

피카소는 그림에 미쳐서 살았기 때문에 위대한 화가가 되었습니다. 마이클 조던은 밤낮없이 농구장에서 농구공을 튀기며 연습했기 때문에 '농구 황제' 소리를 듣는 것입니다. 에디슨은 평생 고물상 같은 연구실에 틀어박혀서 기계와 씨름했기 때문에 발명왕이 된 것입니다.

그것을 뒤바꿔보세요. 피카소가 농구하겠다고 농구공을 튀기는 모습, 마이클 조던이 그림을 그리겠다고 하는 모습, 학생이 클럽이나 술집에 들락거리는 모습…. 자기 일이 아닌 것을 하는 걸 가리켜서 '꼴불견'이라고 합니다. 사람은 자기가 서야 할 자리를 알고, 제자리에 서 있어야 합니다. 밥알은 밥그릇 속에 있을 때 아름답지, 튀어나와서 콧잔등에 붙어 있으면 굉장히 꼴사나워집니다.

어떤 분야든 이 세상에 일가를 이룬 사람이라면 누구라도 남의 눈치를 본다거나 남들의 시선을 의식하지 않습니다. 남이 보든지 안 보든지 최선을 다할 뿐입니다.

저 역시 강의를 나갈 때마다 1시간 강의를 위해 최소 8시간 이상 준비를 합니다. 우리 집 식구들은 '매번 똑같은 주제인데 뭘 또 그렇게 준비할 게 많으냐'며 그만 좀 쉬라고 닦달을 합니다.

그러나 저는 동일한 주제라도 듣는 대상에 따라 전달하는 방식이나 내용이 달라야 한다고 생각하기 때문에 연구를 하지 않을 수 없습니다. 저에게 강의를 요청한 분들은 저에게 귀중한 시간과 비용을 지불하신 분들입니다. 제가 녹음테이프처럼 판에 박힌 레퍼토리나 적당히 읊고 가기를 바라는 분은 아무도 없을 겁니다. 그런 사실을 아는데 어떻게 적당히 대충대충 할 수 있겠습니까? 자기 자신만이 스스로가 최선을 다했는지, 얼마나 잘할 수 있는지 압니다. 그러므로 무엇보다 '자신을 속이지 않는' 최선의 노력이 필요합니다. 그것이 바로 하나님께 바치듯 하는 일의 첩경입니다. 그리고 그것이 불같은 열정으로 행복한 성취를 거머쥐는 유일한 길입니다.

쉬운 길을 택하지 마라

성공은 높이뛰기 점프도 멀리뛰기 점프도 아니다.
성공은 마라톤의 발걸음들이다.
– 작자 미상

램프가 타고 있는 동안 인생을 즐겨라.
시들기 전에 장미를 꺾어라.
– 우스테리Ustery, 스위스의 목회자

인생은 탐구하면서 살아가는 것이 아니라,
살아가면서 탐구하는 것이다.
– 양귀자, 소설가

저는 어린 시절 시골에서 자라서 한겨울이면 친구들과 함께 토끼사냥을 자주 다니곤 했습니다. 여러분은 잘 모르겠지만, 토끼사냥을 할 때는 산 밑에서 토끼를 모는 '몰이조'가 있고, 산중턱에서 토끼가 도망가면 따라가서 공격하는 '추격조'가 있고, 또 산꼭대기에는 토끼가 어디로 도망가는지를 관찰하여 공격을 지휘하는 '관찰조'를 두게 됩니다. 사실 토끼는 오르막을 훨씬 잘 올라가는 신체적 특징을 가졌기 때문에 사냥개나 사람들이 추격하기가 쉽지 않습니다. 때문에 발각되더라도 재빨리 달아나 자기만의 은신처에 숨어버려서 웬만해선

잡기가 어렵습니다.

그런데 토끼라는 놈이 알려진 것처럼 그렇게 영리하지만은 않은가 봅니다. 일단 한번 쫓기기 시작하면 오직 달아나는 데만 정신이 팔려 계속 뛰기 바쁩니다. 게다가 잘 숨어 있던 놈들도 몰이꾼들의 함성이 들리면 깜짝 놀라 은신처에서 뛰쳐나옵니다. 그리곤 쫓기고 쫓기다가 막바지에 이르면 어리석게도 산 아래로 줄행랑을 칩니다. 결국 토끼들은 들판에서 기다리고 있던 사냥개들에의해 잡히고 말지요.

어찌 보면 우리의 삶도 이와 비슷하지는 않을까요? 사람의 입장에서 보면 이 토끼란 놈이 참 어리석게만 느껴집니다. 그러나 생각해보면 우리들도 그 토끼처럼 무조건 내달리기만 하다가 운명이 쳐놓은 덫에 빠지는 경우가 얼마나 많은지 모릅니다. 한 치 앞도 못 보고 오로지 눈앞의 성공과 이익반을 쫓다 결국 가장 소중한 것, 가장 가치 있는 것들을 망각하곤 합니다.

고든 맥도날드Gordon MacDonald는 《내면세계의 질서와 영적성장》이란 책에서 '쫓겨 다니는 사람들'의 특징을 다음과 같이 정의하고 있습니다.

"그들은 오직 무엇인가를 성취했을 때만 만족감을 느끼고, 성취의 상징, 즉 직함, 사무실의 크기, 직위, 특권 등과 같은 신분을 상징하는 것에 민감합니다. 또한 그들은 보통 고삐 풀린 팽창

욕에 사로잡혀 있고, 성공과 성취에 골몰해 있기 때문에 잠깐 멈추어서 내면의 인격이 외적인 활동과 보조를 맞추고 있는지 자문해볼 시간조차 없습니다. 그들은 보통 너무 바빠서 부부, 가족, 친구와의 일상적인 관계 그리고 그들 자신과의 관계마저 신경 쓸 겨를이 없습니다.”

얼마 전 지인에게서 들은 이야기입니다. 그 분은 최근 여동생의 새 아파트 집들이에 다녀왔다고 합니다. 그런데 조카들 방을 구경하다가 그만 깜짝 놀랐다고 합니다. 고등학교 1학년 딸과 중학교 1학년 아들 남매의 방에 그 흔한 세계명작 한 권 꽂혀 있지 않았기 때문이었다는군요. 책꽂이에는 오로지 입시에 필요한 책들만 즐비하게 꽂혀 있었고, 컴퓨터도 없었다고 합니다. 그 분이 하도 신기해서 여동생에게 그 이유를 물었더니 ‘공부에 방해가 되는 건 모조리 치워버렸다’고 대답하더라는 겁니다. 삭막하기 그지없는 조카들 방을 보면서 그 분은 이들 남매가 완전히 공부의 노예로 키워지고 있는 게 아닌가 하는 생각까지 들었다더군요.

그 분이 걱정스럽게 “너무 심한 것 아니냐? 그래, 애들이 공부는 잘하니?” 하고 물었더니, 그 여동생은 “큰애는 영어랑 언어는 곧잘 하는데 수학이 문제예요.” 하고 한숨을 쉬더랍니다. 그래서 그 분은 속으로 ‘아이들 성적이 별로 좋지 않은 모양이구나…’ 하고 생각했는데, 마침 조카딸이 들어오면서 “외삼촌, 저 영어랑

우리들도 그 토끼처럼 무조건 내달리기만 하다가
운명이 쳐놓은 덫에 빠지는 경우가 얼마나 많은지 모릅니다.
눈앞의 성공과 이익만을 쫓다 가장 소중한 것들을 망각하는 겁니다.

언어는 1등 했어요.” 하며 자랑을 했다고 합니다. 그 분은 깜짝 놀라서 “어이구, 너무 장하구나!” 하며 칭찬을 해주었고요.

문제는 그 다음입니다. 옆에 있던 그 분 여동생이 “자랑은 무슨…. 수학도 1등 해야지! 성적이 골고루 1등이어야 하잖아!” 하고 말하더라는 겁니다. 그 분은 정말 기가 막히는 일이 아니냐고 제게 토로하더군요. 제가 듣기에도 좀 심한 것 같았습니다. 물론 학생이 공부를 잘하면 좋지만 공부하는 기계도 아니고 어떻게 모든 과목에서 1등을 하겠습니까? 간혹 여러분이 ‘공신’이라고 부르는 좀 특별한 아이들이 있긴 하지만요. 게다가 교양을 쌓고 정신세계를 풍성하게 해줄 좋은 책 한 권도 안 읽고, 오로지 성적에 인생을 건 것 같아 제가 봐도 좀 안타까웠습니다. 그 분은 여동생에게 청소년기에는 영혼에 풍성함을 심어주는 것이 더 중요하다며 아이들을 너무 공부의 노예로 키우지 말라고 당부한 뒤 씁쓸한 마음으로 집에 돌아왔다고 합니다. 이것이 비단 그 분 조카들만의 문제는 아닐 겁니다. 입시지옥을 거쳐야 하는 대한민국의 많은 가정에서 지금 이 시간에도 벌어지고 있는 현상이지요. 여러분도 어쩌면 그 희생자 중 한 명일 수도 있고요.

앞에서 저는 학생의 본분은 공부이며, 그 ‘공부’라는 것의 본질을 알고 매진하라고 했습니다. 하지만 그것은 공부의 노예, 성적의 노예가 되라는 것이 아닙니다. 하루하루 오로지 점수나 석차에만 연연하며 일희일비 하는 것은 진정한 공부가 아닙니다. 그렇게 해서 설령 일류대학에 가고, 또 좋은 회사에 취직한다 하더라도 그 사람의 인생은 결코 성공적이지도 행복하지도 않을 것입니다. 더욱이 여러분이 성인이 되어 사회에 나올 때쯤에는 알량한 졸업장이나 자격증보다 창의력과 풍부한 감성을 지닌 인재가 더욱 각광받게 될 것입니다.

여러분도 너무 현실에 쫓기며 사는 건 아닌지 스스로 반문해볼 필요가 있습니다. 인생이란 단거리 경주가 아니라 마라톤과 같은 것입니다. 초반에 억지로 스피드를 내다가는 중간도 못 가 지쳐 떨어지고 맙니다. 그리고 그 긴 장정을 행복하게, 성공적으로 마치려면 단순한 지식보다는 지혜가, 머리보다는 가슴이 발달해야 합니다. 아울러 인격과 체력도 단단히 갖추어두어야만 합니다.

'부모님이 시키니까 어쩔 수 없다'고 체념하거나 환경을 핑계 대지 마십시오. 내 인생은 나의 것이며, 인생이라는 내 버스의 운전사는 바로 나 자신입니다. 어러분 부모님도 나 여러분을 위해 공부해라, 성적 올려라 하고 말씀하시는 것입니다. 물론 최선을 다해 공부에 매진하십시오. 그러나 여러분의 인생을 풍요롭게 할 자산은 그 누구도 아닌 여러분 스스로 쌓아야 한다는 사실을 잊어서는 안 됩니다. 도망치기 바빠 앞만 보고 달리다 사냥개에 잡히는 토끼처럼 눈앞의 현실에만 쫓겨서는 안 됩니다.

재미있는 비유가 있습니다. 포유동물 가운데 가장 빨리 죽는 동물이 뭘까요? 바로 쥐입니다. 고놈들은 길어야 겨우 2~3년을 삽니다. 반면 코끼리는 평균 70년을 삽니다. 이는 몸집의 크기와 상관이 있다는 학설도 있지만, 특히 호흡하는 횟수와 관련이 있다고 합니다. 즉 겨우 2~3년을 사는 쥐가 평생 호흡하는 횟수와 70년 이상을 사는 코끼리가 평생 호흡하는 횟수가 비슷하다는 겁니다. 약 5억 번이라고 하더군요. 특히 쥐 중에서도 가장 몸집이 작은 뾰족귀쥐는 1분에 1,000회, 코끼리는 1분에 30회밖에 숨을 쉬지 않는다는 얘기지요. 그러니 쥐는 얼마나 가쁘게 팔딱팔딱 숨을 쉬고, 코끼리는 얼마나 천천히 느긋하게 숨을 쉴까요? 이처럼 작은 동물들은 큰 동물보다 더 빠른 템포로 일생을 산다고 합니다. 호흡은 더 빠르고, 심장은 더 빨리 뛰며 다리도 더 빨리 움직입니다. 모든 것이 큰 동물에 비해 더 빠르다는 거죠.

한번 생각해보세요. 쥐는 몸집도 작고 세상이 온통 천적 투성이니, 어디서든 눈치 보고 쫓기며 도망 다니느라 매사에 모든 것이 분주할 수밖에 없습니다. 그렇게 일생을 사니까 빨리 죽을 수밖에요. 이에 반해 코끼리는 천적이 거의 없습니다. 자고 싶을 때 자고 머물고 싶을 때 머물며 이동할 때도 느긋하게 남의 눈치 안 보고 천천히 이동합니다.

쥐처럼 사느냐, 코끼리처럼 사느냐! 사람도 얼마나 느긋하게 사느냐에 따라 수명도 행복도 성공도 달라지는 것 아닐까요? 당장 눈앞의 먹을 것에 급급해 이리저리 눈치 보며 사는 쥐와 같은 인생을 바라는 사람은 아무도 없을 것입니다.

쉬운 길을 택하지 말라

쥐처럼 쫓기며 사는 사람은 항상 단기간의 성적이나 이익에 급급해 여러 선택지 가운데 가장 쉬운 길을 택합니다. 그래서 결국 스스로 덫에 걸리거나 궁극적인 성취를 쟁취하지 못합니다. 역사상 잘못된 길을 간 많은 사람들이 그랬고, 요즘 신문 지면을 장식하는 많은 사건들이 그렇습니다. 돈에 눈이 멀어 뇌물을 받다가 감옥행을 한 공무원, 정치인들이 그렇고, 단기간 급성장을 하려고 과욕을 부리다 파산한 기업인들이 그렇습니다.

그러므로 쫓겨 다니는 삶이 아니라 내가 나를 찾아다니는, 내 '삶의 주도권'을 꽉 쥐고 있어야 합니다. 그러려면 삶에 대한 가치관이 뚜렷해야만 합니다. 그리고 항상 쉬운 길보다는 가치 있는 길을 선택해야 합니다.

살아가는 것은 어쩌면 선택의 연속이라고 할 수 있겠습니다. 우리는 살면서 수많은 선택의 기로에 놓이게 됩니다. 그 기로에서 우리는 항상 조금 더 가치 있는 것이 조금 더 힘들다는 것을 알게 됩니다. 가령 '오늘은 이만 자고 내일 새벽에 일찍 일어나서 공부할까? 아니면 오늘 다 하고 잘까?'와 같은 갈등에 빠지게 되지요. 그만 하고 자는 것은 쉽고 달콤한 길입니다. 그러나 마음은 이미 내일 새벽에 일어나지 못하리라는 걸 알고 있습니다. 그러므로 마음은 이미 쫓기기 시작하죠. 자면서도 뭔가 찜찜하고 개

쥐처럼 쫓기며 살다 보면 가장 쉬운 길을 택합니다.
그래서 결국 스스로 덫에 걸리거나 궁극적인 성취를 이루지 못합니다.
반대로 느긋한 코끼리처럼 내가 주도하는 삶을 살면
뚜렷한 가치관을 가지고 쉬운 길보다는 가치 있는 길을 선택합니다.

운치 않습니다. 다음 날이면 또 공부할 분량이 늘어나 있습니다. 시험날은 다가오고 있는데, 마음만 점점 더 불안해지고 책상 앞에 앉아도 집중이 잘 안 됩니다. 이것이 바로 쫓기며 사는 삶입니다. 처음에 쉽고 달콤한 길을 선택하면 도미노 현상처럼 그 쫓김증은 점점 더 가속화됩니다. 그래서 급기야는 편법을 쓰거나 잘못된 행동을 하기도 합니다.

그러므로 여러분은 어떤 선택의 기로에 섰을 때, 조금 더 힘들지만 가치 있는 길을 선택하시기 바랍니다. 이미 성공에 진입한 사람들은 점점 더 성공하는 경향이 있습니다. 왜일까요? 그것은 그들이 바로 수많은 신택지 중에서 싱공으로 가는 길을 선택할 줄 알기 때문입니다. 그 길은 남들이 선택한 길보다 어려운 길입니다. 그러나 쉬운 길로는 모두 다 몰려가기 때문에 경쟁이 치열해져 오히려 더 성공하기 어렵습니다. 처음엔 쉬워 보였던 그 길이 결과적으로 더 어려운 길이 되고 말지요. 그래서 그들은 조금 더 시간과 노력을 들이더라도 어려운 길을 선택하는 것입니다. 어려운 길은 처음 진입이 어려울 뿐이지, 한번 들어가기만 하면 그 다음부터는 탄탄대로라는 것을 알고 있기 때문이지요. 남들이 쉬운 길, 당장 이익이 되는 길, 우선 지금 편한 길을 택할 때, 여러분은 어려운 길, 궁극적으로 이기는 길을 선택하시길 바랍니다. 그것이 여러분을 성공으로 이끄는 방법이며 기술입니다.

우리 삶은 항상 도전과 응전인 것 같습니다. 성공으로 가는 길에는 반드시 고통이 따르게 마련입니다. 그러나 특별함을 갖추고 더욱 위대해지기 위해서는 그런 고통까지도 즐겨야 합니다. 헤르만 헤세의 소설 《데미안》을 아시죠? 그리고 이 유명한 구절도 아시리라 믿습니다.

"새는 알을 깨고 나온다. 알은 새의 세계다.

태어나려는 자는 한 세계를 파괴해야만 한다."

PART 03

프로의 습관,
창조적 고통을 즐겨라

최고의 몸값을 받는 사람, 어딜 가든 최고의 대접을 받는 사람이 되는 건 스스로에게 달려 있습니다. 좀더 큰 내일을 위해, 오늘의 작은 고통을 즐기는 자가 진정한 프로입니다. 남들보다 10분만 더 해보고, 남들보다 1m만 더 달려보세요. 한 뼘 차이가 사소해 보이지만, 그것이 바로 인생의 커브를 바꾸어놓습니다.

시간이라는 무질서한 흐름에 자신을 놓아기르지 말라

시간의 걸음은 세 가지다. 미래는 머뭇거리며 오고,
현재는 화살처럼 날아가고, 과거는 영원히 정지해 있다.
— 프리드리히 쉴러Friedrich Schiller, 독일의 작가

인간은 항상 시간이 모자란다고 불평을 하면서도
마치 시간이 무한정 있는 듯이 행동한다.
— 세네카Seneca, 로마의 웅변가이자 철학자

1849년 12월 어느 날, 러시아의 대문호 도스토예프스키는 죽음을 목전에 두고 있었습니다. 농민반란을 선동했다는 혐의로 총살형에 처하게 된 것입니다. 상트페테르부르크 광장에 선 그의 얼굴에는 두건이 씌워졌고, 잠시 후면 그의 심장을 관통할 병사들의 소총이 그의 가슴을 겨누고 있었습니다. 그 순간 도스토예프스키는 맹세했습니다.

"만약 내가 여기서 살아 나간다면 남은 인생의 1분 1초도 허비하지 않겠다."

그의 결심이 하늘까지 닿은 것일까요? 때마침 마차 한 대가 광

장을 가로질러오더니, 사형 대신 유배를 보내라는 황제의 전갈을
사형집행인에게 전하는 것이었습니다. 그날 밤 그는 동생에게 이
런 편지를 썼습니다.

"지난 일을 돌이켜보고 실수와 게으름으로 허송세월했던 날들
을 생각하니 심장이 피를 흘리는 듯하다. 이생은 시의 선물…. 모
든 순간은 영원의 행복일 수도 있었던 것을! 아아 좀더 일찍, 좀
더 젊었을 때 알았더라면! 이제 내 인생은 바뀔 것이다. 다시 태
어난다는 말이다."

그렇게 떠난 4년간의 시베리아 유배생활은 그의 인생에서 가장
값진 시간이었습니다. 살을 에는 혹한 속에서 무려 5kg에 달하는
쇠고랑을 팔과 다리에 매단 채 그는 창작에 몰두했습니다. 글쓰
기가 허락되지 않았기 때문에 머릿속으로 소설을 쓴 후 모조리 외
워두었지요. 도스토예프스키는 1881년 죽는 날까지 미친 듯한
열정으로 《죄와 벌》, 《악령》, 《카라마조프의 형제들》 등 내작을
잇달아 내놓았습니다.

고등학교 1학년 때의 일로 기억됩니다. 당시 화학 선생님이
'질량불변의 법칙'을 설명하시면서 우리에게 들려주셨던 말씀이
아직도 기억에 생생합니다. 선생님은 비커에 탄소막대를 넣은 후
저울로 단 무게와, 그것을 연소시킨 후에 단 무게가 똑같다고 하
시며, 물질에 어떤 화학반응을 가해도 그 물질의 질량이 변함 없

는 것처럼, 한 사람이 일생 동안 누릴 수 있는 즐거움의 양은 일정하게 정해져 있다고 하셨습니다. 그러므로 젊었을 때 놀기만 하면, 즉 즐거움의 상당부분을 써버리면 나이가 들어서는 필연적으로 고생하게 된다는 논리를 강조하시고 공부할 수 있는 기회를 놓치지 말라고 당부하셨습니다.

지금까지 살아오면서 만난 성공한 사람들 대부분은 젊어서 누구보다 힘든 역경을 극복하고 노력한 사람들이었습니다. 돌이켜보면 화학 선생님의 그 말씀은 우리 삶의 성공기준을 명확하게 제시해주셨다고 해도 과언이 아닙니다. 그래서 저는 항상 질량불변의 법칙처럼 노력한 만큼 성과로 보상받는다는 성공의 기준을 잊어버리지 않고 살아가고 있습니다.

이기는 사람 중
자신에게 관대한 사람은 아무도 없다

유명한 희곡작가 조지 버나드 쇼George Bernard Shaw의 묘지에는 다음과 같은 비문이 적혀 있습니다.

"우물쭈물 살다가 내 끝내 이렇게 될 줄 알았지."

참으로 위트가 넘치는 말입니다. 자신의 비문에 이런 말을 쓸 수 있는 마음의 여유가 부럽기까지 하네요. 그러나 누구보다 치열하게 살았고, 세계적인 작가이자 위대한 비평가로 명성이 자자

했던 그마저 죽음에 임박해서는 자신의 게으름을 자책하며 이런 문구를 비문에 써달라고 했다니, 한편으론 숙연한 마음마저 듭니다.

《게으름뱅이 나무늘보 우화》라는 동화책에는 평생 '나중에'를 연발하며 낮에는 자고 밤에는 빈둥거리고, 그래서 다시 머리가 무거워져 낮에 또 자다가 결국 아무것도 할 수 없게 되어버린 게으름뱅이 나무늘보의 이야기가 나옵니다. 정도의 차이야 있겠지만 우리의 일상도 이 나무늘보를 흉볼 처지는 아닐 것입니다. 끊임없이 '나중에'를 연발하다 결국엔 포기하고 마는 일이 얼마나 많은가요?

많은 사람들이 쉽게 착각하는 것 중 하나가 '시간이 우리를 성장시켜준다'라는 믿음입니다. 나이를 먹고 경험이 쌓이면 저절로 더 지혜로워지고 더 성장하게 될 거라는 믿음 말입니다. 정말 그럴까요? 그렇다면 왜 우리 주위에는 나이 들수록 더 비굴해지고, 더 고집스러워지고, 점점 더 많은 편견에 사로잡혀가는 사람들이 많은 걸까요?

시간에 대한 진정한 진리는 '시간은 모든 것을 낡게(혹은 늙게) 만든다'는 것뿐입니다. 그것을 극복하고 성장의 길로 안내하는 것은 스스로의 노력과 자기관리뿐입니다.

동서고금을 막론하고 시간을 적당히 흘려보내고 성공한 이는 아무도 없습니다. 나태하자고 마음먹으면 얼마든지 풀어질 수 있는 게 사람입니다. 부모님이나 선생님과 한 약속만 중요한 것이 아닙니다. 눈에 보이는 성적표가 중요한 것도 아닙니다. 내가 나 스스로에게 한 약속, 앞으로 1년 후에는 어떤 단계로 발전할 것이고 그것을 위해 올해 무엇을 할 것인지, 또 이번 달, 이번 주 그리고 오늘 무엇을 해야 하는지를 끊임없이 고민하고 스스로 검증하는 마음가짐이 가장 중요합니다. 오늘을 대충 보내고, 오늘 할 일을 내일로 미루고, 하긴 해야 하는데 귀찮으니까 게임이나 하고…. 그러다 보면 내가 꿈꾸던 것과는 정반대의 모습이 되어 있는 스스로를 발견하게 됩니다. 그리고 그렇게 게으름의 수렁에 발을 담그면 속수무책으로 빨려 들어가는 것 역시 시간문제입니다.

여러 가지 변명 중에서도 가장 어리석고 못난 변명이 '시간이 없어서'라는 변명입니다. 시간은 우리가 가장 원하는 것이면서도 또한 가장 잘못 쓰고 있는 것이기도 합니다.

옛날에 어느 왕이 현인들을 모아놓고 다음과 같은 명령을 내렸다고 합니다.

"모든 백성들이 다 잘 살 수 있는 성공비결을 적어오시오."

현인들은 열심히 연구하고 토론도 하여 국민들이 다 잘 살 수 있는 비결을 12권의 책으로 엮어 왕에게 바쳤습니다.

"12권이나 되는 책을 백성들에게 다 나누어줄 수 있겠나?" 하고 왕은 그것을 줄여올 것을 명령했습니다. 현인들은 그것을 절반인 6권으로 줄였다가 그것도 거절당하자 또 2권으로 대폭 줄였습니다. 그러나 왕은 그것도 길다면서 더 줄여오라고 명했고 현인들은 마침내 1권의 책으로 줄여서 바쳤습니다. 그런데 왕은 그것마저도 더 줄여오라고 하는 것이었습니다.

현인들은 그 1권의 책 중에서 가장 중요한 부분을 추리고 추려 한 페이지의 글로 요약했습니다. 그러나 왕은 또 고개를 저으면서 못마땅해 했습니다.

현인들은 할 수 없이 그 한 페이지의 글 중에서 가장 핵심적인 글귀 한 마디만을 적어서 왕에게 바쳤습니다. 그때서야 왕은 "그래 바로 이거야! 이거면 누구나 다 잘 살 수 있을 거야." 하면서 기뻐했습니다.

그 한 마디로 줄인 '비결'은 과연 무엇이었을까요? 왕의 기지로 마침내 얻어낸 백성들이 다 잘 사는 비결! 그것은 바로 '공짜는 없다', 이 한 마디였습니다.

왕은 즉시 이 비결을 온 백성에게 알리고 실천하게 한 결과 얼마 후 이 나라의 모든 백성은 모두 다 잘살게 되었다고 합니다. 그래서 '공짜는 없다' 이것이 가장 간단한 세계 제일의 명언이 되었다는 것입니다.

그렇습니다. 세계 최고의 부자들에게 '부자가 되려면 어떻게 해야 하느냐'고 물었더니, 그들이 공통적으로 대답하는 이야기가 '세상에 공짜는 없다'는 것을 깨닫는 것이라고 했다고 합니다. 우리가 어떤 사람이 되고 싶은지 결정하고 그 목표를 향해 최선을 다하다 보면 땀 흘린 만큼 반드시 하늘은 성공이라는 단어로 되돌려준다는 것입니다.

《이기는 습관》 책을 낸 후 한 학생이 제게 이런 질문을 해온 적이 있습니다.

"선생님, 자신을 이기는 습관도 중요하지만 이렇게 너무 이기는 습관만 몸에 익히다 보면 자칫 인생의 여유로움도 없어지고 삶의 참된 의미를 잃어버리게 되지는 않을까요?"

물론 그렇게 생각할 수 있습니다. 그러나 그 학생은 제가 말하는 '이기는 습관'의 진정한 의미를 제대로 알고 있지 못한 것 같습니다. 얼핏 생각하기에는 자신을 혹독하게 단련시키고 철저하게 관리하는 것이 낭만도 여유도 없는 것처럼 느껴질 수 있겠지요. 하지만 오히려 그 반대입니다. 제대로 놀지도 못하고 그렇다고 제대로 공부하는 것도 아닌 채로 어영부영 지내다 보면 늘 뭔가 찜찜하고 초초함을 느끼게 됩니다. 하지만 철저한 계획 하에 시간을 알차게 보내고 그 계획을 차질 없이 수행하게 되면 나머지 시간은 아주 마음 편히, 그리고 하고 싶은 일을 맘껏 하며 여유 있게 보낼 수 있게 되지요.

우리가 낯선 곳으로 여행을 떠났을 때를 생각해봅시다. 미리 정보를 입수하고 계획을 세워 그에 따라 움직이면 훨씬 많은 것을 보고 체험하며 여유롭게 시간을 즐길 수 있지만, 그렇지 않은 경우에는 우왕좌왕하느라 볼 것도 제대로 못 보고 시간에 쫓기다 돌아오게 되지요. 우리 삶도 마찬가지입니다. 우리가 지구별이라는 곳에 여행 온 나그네라고 생각해보면 답은 간단합니다. 어떤 이는 같은 시간 동안에 많은 것을 배우고 체험하고 많은 것을 이루고 가는데 어떤 이는 어영부영하다가 아무것도 얻지 못하고 고생만 잔뜩 하고 떠납니다. 전자의 경우에는 지구란 참 아름다운 곳이고 행복한 곳이며, 다시 오고 싶은 곳이라고 생각하겠지만, 후자의 경우에는 다시는 오고 싶지 않은 지옥 같은 곳이라고 생각하겠지요. 그 선택은 각자의 몫입니다.

인생여행의 목적지를 뚜렷하게 세우고, 앞으로 성공적인 인생여행을 위해 지금 청소년기에는 무엇을 해야 할지 정하고, 또 그에 따라 체계적으로 준비하고 노력하는 사람에게만이 행복한 인생을 살 자격이 주어집니다. 젊어서도 놀고 늙어서도 노는 팔자 편한 인생을 신은 허락지 않으십니다. 어린 아이들이 처음 젓가락질을 배울 때는 불편하고 힘들어서 그냥 포크나 숟가락으로 먹겠다고 떼를 쓰곤 합니다. 그러나 한번 젓가락질을 익혀두면 그 후에는 훨씬 편하게 음식을 먹을 수 있게 되지요. '이기는 습관'은 이런 원리처럼 우리 삶을 더욱 풍성하고 여유롭게 해주는 기본기입니다.

시간을 관리하는 데 있어 가장 중요한 것은 바로 '자기체크'입니다. 매일 잊지 않고 체크해야 할 기준을 자신에게 적용하고 스스로에게 관대해지려는 습성을 없애야만 합니다.

  그런 의미에서 데일 카네기Dale Carnegie의 다음과 같은 이야기를 깊이 음미해보시기 바랍니다.

  "현재의 이 시간은 더할 수 없는 보배다. 사람은 그에게 주어진 인생의 시간을 어떻게 이용했는가에 따라서 그의 장래가 결정된다. 만일 하루를 헛되이 보냈다면 큰 손실이다. 하루를 유익하게 보낸 사람은 하루치 보배를 파낸 것이다. 하루를 헛되이 보내는 것은 내 몸을 소모하는 것과 같다는 사실을 알아야 한다."

인생은 셀프 마케팅의 연속이다

우리는 자신이 생각하는 모습 그대로 됩니다.
정신은 삶을 조정하는 핸들입니다.
— 얼 나이팅게일Earl Nightingale, 미국의 자기계발 전문가

진정 무엇인가를 발견하는 여행은,
새로운 풍경을 바라보는 것이 아니라
새로운 눈을 가지는 데 있습니다.
— 마르셀 프루스트Marcel Proust, 프랑스의 작가

일찍이 나폴레옹은 이렇게 말했습니다.

"오늘 나의 불행은 언젠가 내가 잘못 보낸 시간의 보복이나."

음미해볼수록 숙연해지는 이야기입니다.

우리는 모두 존경받고 대접받는 사람이 되고 싶어 합니다. 이 세상 어느 누가, 귀찮은 사람, 쓸모없는 사람으로 대접받길 원할까요? 하지만 인생을 살다 보면 그리고 점점 나이가 들어갈수록 사람에게도 '값'이 있다는 얘기가 현실로 다가옵니다.

물론 이 세상 어느 누구의 생명도 소중하지 않은 것은 없습니다. 그러나 불행히도 현실은 그렇지 않은 것 같습니다. 사람마다

목숨값이 다 다르다는 겁니다. 생각해봅시다. 만약 괴한들에 의해 두 사람이 납치되었다고 칩시다. 한 명은 세계에서 가장 영향력 있는 인물로 알려진 마이크로소프트 사의 빌 게이츠Bill Gates 회장이고, 또 한 사람은 슬럼가에서 하루하루 걸식하는 이름 모를 부랑자입니다. 과연 사람들은 누구를 구하려 하고, 누구를 위해 돈을 지불하려 할까요? 빌 게이츠 회장과 걸인의 몸값이 같을 수 있을까요?

더 어린 아이들은 물론이고 여러분과 같은 청소년들, 그리고 청년기까지는 아직 그 사람의 값어치를 명확하게 얘기할 수 없습니다. 찢어지게 가난한 집안에서 태어났다고 해서, 공부도 못하고 만날 말썽만 부린다고 해서, 그 사람의 미래까지 암울한 것은 아니니까요. 그의 미래가 어떻게 될지는 그 누구도 모릅니다. 여러분은 아직 미완성 작품이고 지금은 '가능성'의 시기라서 앞으로 어느 누가 얼마나 대단한 걸작으로 새롭게 탄생할지 아무도 모른다는 얘기지요.

그러나 서른이 넘고 마흔도 넘으면 얘기가 달라집니다. 그때부터 개개인의 몸값과 가치는 천양지차로 벌어지기 시작합니다. 즉 청소년기와 20대를 어떻게 보냈느냐에 따라 30대의 인생경로가 바뀌고, 또 그에 따라 40대 이후 삶의 행로는 엄청나게 달라집니다.

자신이 쌓아온 만큼, 그리고 자신이 살아온 대로, 인생은 우리

앞에 솔직한 모습으로 나타나기 시작하지요. 그래서 이런 말도 있지 않습니까? "나이 마흔에는 자기 얼굴에 책임을 져야 한다." 즉 태어날 때의 외모는 부모님이 물려주신 것이지만, 일정한 시간이 지나고 나이를 먹게 되면 자신의 인상이나 외모에 살아온 흔적이 고스란히 반영된다는 얘기입니다. 실제로 동창회에 가보면 종종 어릴 적에 훤칠하고 잘생겼던 친구들이 참 초라하고 볼품없이 변한 것을 보고 깜짝 놀라게 됩니다. 반면 별로 눈에 띄지 않고 그냥 그랬던 평범한 친구가 오히려 나이를 먹으니 기품이 흐르고 멋진 신사로 변한 모습도 보게 됩니다.

물론 마흔이 넘고 쉰이 넘은 늦은 나이에 인생경로를 획기적으로 바꾼 분들도 많습니다. 하지만 그 분들 역시 그 나이에 주저앉지 않고 자신의 인생을 과감히 바꿀 수 있었던 것은 그때까지 단련해놓은 용기와 노력 덕분입니다. 이미 오래 전부터 자신을 단련시키며 차근차근 준비를 해왔기 때문에 가능했던 거죠. 뒤늦게 기회를 만나 남들보다 조금 늦게 실현된 것뿐이고요.

최고의 몸값을 받는 사람, 어딜 가든 최고의 대접을 받는 사람이 되는 건 스스로에게 달려 있습니다. 내 몸값은 나 아닌 그 누구도 올려주지 않습니다. 심한 말로 소나 돼지는 죽어서 자신의 고기 값으로나마 그동안 보살펴준 주인의 은덕에 보답할 수 있지만, 사람은 죽고 나면 고작 한 줌 재만 남을 뿐입니다. 인간의 몸값은 살아서 활동할 때만 그 진가를 발휘할 수 있습니다. 그렇지만 우리들 대부분은 자신의 가치를 높이기 위해 전력을 기울이기보다는, 마냥 바쁘고 정신없는 상태로 하루하루 허덕거리며 시간을 보내는 게 사실입니다. 그러다가 어느 날 문득 그러한 사실을 깨닫고, 더 이상 돌이킬 수 없는 자신의 젊은 날을 아쉬워하며 시간을 붙들어보겠다고 야단법석을 떱니다.

그러므로 시간이 있을 때, 기회를 만났을 때 자신의 가치를 높여야 합니다. 사람은 누구나 세상에 태어남과 동시에 '필요와 충족'이라는 사이클에 따라 살아갑니다. 갓난아기조차 엄마 젖을 한 번이라도 더 얻어먹기 위해 있는 힘을 다해 울고 보챕니다. '젖을 달라'고 목청껏 외쳐야만 엄마도 아기의 '필요'를 젖으로 '충족'시켜주기 때문입니다. 어미 새도 마찬가지라고 합니다. 둥지 속에서 배고프다고 입을 짝짝 벌리고 있는 새끼들을 보고, 입을 크게 벌리는 순서대로 배고픔을 채워준다는 거예요. 입을 더 크게 벌리고 더 극성스럽게 보채는 새끼가 그만큼 더 배고프고 더 절박하다고 판단하기 때문이랍니다. 동물의 세계에서도 필요와 충족의 사이클이 이처럼 냉혹한데 하물며 인간사는 어떻겠습니까?

인생은 끝없는 경쟁의 현장입니다. 가히 전쟁이라 부름직합니다. 자기 자신과의 치열한 싸움, 집단 내에서의 보이지 않는 경합, 세상 속에서의 성장경쟁 등 우리네 삶은 어느 한 순간도 경쟁의 장을 벗어날 수 없습니다.

그런 살벌한 경쟁의 현실 속에서 살아남고 우위를 점하기 위해서는 자신의 강점과 약점을 철저히 파악하고 스스로를 제대로 마케팅 하는 과정이 반드시 필요합니다. 아무리 속에 보배를 가지고 있어도 남들이 보기에 형편없는 사람으로 보인다면, 그 사람은 10 정도의 노력만 들여도 되는 일을 100 이상 노력해야 합니다. 물론 궁극적으로는 진정한 실력과 진실성에 따라 그 사람의 가치가 판가름 나겠지만, 자신을 마케팅 하는 것도 사실은 실력의 일부분입니다. 혼자만의 세계에 갇혀 스스로를 객관적으로 평가하지 못하는 사람은 전략적인 사고도 할 수 없습니다. 반면 끊임없이 자신을 평가하고 자신의 값어치를 높이기 위해 연구하는 사람은 그 과정 속에서 더욱 많이 성장하게 됩니다. 그러므로 하루라도 빨리, 그리고 남들보다 먼저 스스로의 강점과 약점을 파악히고 그것을 비탕으로 자신의 가치를 높여나가는 '마케팅' 활동을 해야만 합니다.

인생은 셀프 마케팅의 연속

여러분은 '마케팅'이라고 하면 회사에서 상품을 팔기 위해 하는 광고나 세일즈 활동 같은 것을 떠올릴 겁니다. 즉 비즈니스 세계에서나 나오는 얘기라고 생각하겠지요. 하지만 실은 우리 삶

자체가 바로 마케팅입니다. 우리는 누구나 끊임없이 자신을 마케팅 하고 있다고 해도 과언이 아닙니다. 이게 무슨 말인지 금방 이해가 안 될 수도 있습니다. 차근차근 생각해봅시다. 우리의 삶은 언제 어디서나 누군가와의 관계 속에서 이루어집니다. 그러한 인간관계 속에서 서로 돕고 협력하거나 경쟁하기도 하죠. 내가 어떤 사람인지를 알리고 내 의견을 밝히고 원하는 걸 얻기도 합니다. 그 모든 활동이, 사실 따지고 보면 '나'라는 상품을 마케팅하는 활동과 같습니다. 그리고 그렇게 해서 형성된 '나'의 가치와 '나'에 대한 사람들의 인식이, 마케팅 '결과'라 할 수 있지요. 이것을 우리는 '셀프 마케팅 Self Marketing'이라고 합니다.

생각해보면 이 세상에 '셀프 마케팅'이 아닌 게 어디 있겠습니까? 미팅, 데이트, 연애, 그리고 결혼에 이르기까지, 남자와 여자는 끊임없이 자신을 '사달라'고 혹은 상대방의 마음을 얻기 위해서 밀고 당기고 구애하는 거죠. 이게 바로 마케팅 활동입니다. 친구와의 관계, 선생님과의 관계, 심지어 부모님과의 관계도 마찬가지입니다. 친구들을 생각해보십시오. 왠지 근사해 보이고 친하게 지내고 싶은 아이가 있는가 하면, 별로 호감이 가지 않는 아이가 있게 마련이죠? 열 손가락 깨물어 안 아픈 손가락이 없다지만 부모의 입장에서도 유독 더 예쁘고 사랑스런 아이가 있습니다.

이처럼 치열한 경쟁 속에서 스스로를 훌륭한 상품으로 포장하고 가치를 높이고자 하는 노력을 과소평가하고 게을리 한다면 아마 여러분이 설 자리는 점점 더 좁아질 것입니다. 물론 알맹이 없이 속은 텅텅 빈 사람이 그저 남들에게 잘 보이기 위해서 외모만 화려하게 꾸민다면 금방 들통이 날 수밖에 없습니다. 하지만 여러분은 이미 어느 누구보다도 순수하고 아름다운 내면을 가진 보석 같은 사람들 아닙니까? 그 보석같이 빛나는 마음이 밖으로 드러나지 않아서 아무도 알아보지 못한다면 이보다 더 안타깝고 아까운 일이 또 있을까요? 아무리 품질 좋은 물건도 디자인이나 포장, 마케팅 활동이 형편없으면 그 가치를 제대로 인정받기 어려운 것과 같은 이치지요.

그렇다면 자신을 다른 사람에게 어필하고 최고의 상품으로 인정받게 하려면 어떻게 하는 게 좋을까요?

비즈니스 세계의 마케팅에서도 전략이 있습니다. 마케터들은 미게팅 계획을 수립할 때 제일 민저 그 제품의 '컨셉'과 '포지셔닝'을 고민합니다. '컨셉을 잡는다'라는 말을 들어본 적 있죠? 여기서 '컨셉concept'이란 우리말로 바꾸면 '개념'이라고 할 수 있는데, '컨셉을 잡는다'고 하면 이 제품이 어떤 제품 군群에 속하는지 분류하고 어떤 특징과 차별점을 갖고 있는지를 먼저 규정하는 것이지요. 다시 말해 이 제품을 다른 제품과 차별화하려면 어떻게 해야 할까 고민하는 겁니다. 우리 자신을 셀프 마케팅 할 때도 마찬가지입니다. 나의 장점은 무엇이고, 그 장점을 어떻게 하면 다른 사람과 차별화시킬 수 있는지, 그리고 그것을 어떻게 어필할 것인지를 고민하는 일이 매우 중요합니다.

회사에서 제품을 개발하고 광고를 할 때 사람들이 가장 많이 고민하는 것도 바로 이 부분입니다. 여러분이 잠잘 때도 손에 쥐고 있을 정도로 좋아하는 휴대전화는 하루가 멀다 하고 새로운 제품들이 쏟아져 나옵니다. 브랜드마다 각자 자신들만의 독특한 장점을 내세우며 치열한 공방전을 벌입니다. 기억할지 모르겠지만, 반으로 접었다 폈다 하는 폴더 형 휴대전화기가 대세일 때, 위로 밀어 올리는 슬라이드 형 제품이 나와서 폭발적인 인기를 끈 적이 있었습니다. 특별히 통화품질이 좋다거나 디자인이 뛰어나다거나 가격이 싼 것도 아니었는데, 독특한 차별화 전략 하나 때문에 많은 사람들의 이목을 집중시키고 사랑받은 것이죠. 우리 자신을 마케팅 할 때도 이런 전략은 효과가 있게 마련입니다.

이 세상에 둘도 없는 '나' 라는 스페셜리스트

남들이 다 하는 것, 남들과 비슷한 것을 가지고는 자신을 어필할 수 없습니다. 형제들끼리도 부모님께 인정을 받으려면 차별화된 전략을 구사하며 경쟁해야 합니다. 만약 공부를 너무나 잘하는 형이 있다고 칩시다. 어지간히 공부를 잘해서는, 즉 형보다 더 잘하지 않는 한 부모님께 인정받기가 어렵겠죠? 이때 무뚝뚝하고 이기적인 형과 달리, 부모님께 사근사근 애교도 부리고 집안 일도 열심히 도우며 극진히 효도를 한다면 얘기는 달라집니다. 물론 공부도 최선을 다해야겠지만 그 방면에 도무지 소질이 없다면, 하다못해 매일 아침 일찍 일어나 부모님의 구두라도 열심히 닦아드리는 겁니다. 그렇게 애교만점에 따뜻하고 부지런하며 성실한 모습을 어필한다면, 최소한 부모님은 여러분을 가장 착한 아들, 가장 부지런한 딸로 자랑스럽게 생각하실 겁니다.

많은 사람들이 자기계발을 한답시고 남들이 하는 것을 이것저것 따라합니다. 하지만 짧은 인생에서 모든 것을 다 할 수도, 다 잘할 수도 없지요. 그러니 자신이 가장 잘할 수 있는 것, 가장 가능성 있고 최대한으로 부각시킬 수 있는 것 한 가지에 집중해야 합니다. 특히 요즘과 같은 지식정보화사회에서는 두루두루 적당히 잘하는 사람보나는 스페셜리스트를 원합니다. 한 가지라도 똑 부러지게 잘하는 사람, 그 분야에서만큼은 최고가 되는 게 중요합니다.

그러기 위해서는 자신의 강점과 약점을 냉철하게 파악할 필요가 있습니다. 자신이 새로운 아이디어를 내는 데 적합한 사람인지, 배우고 연구하는 데 적합한 사람인지, 무언가 만드는 데 소질이 있는 사람인지 곰곰이 생각해봐야 합니다. 사람을 만나서 설득하는 것만큼은 자신이 있는지, 아니면 골방에 혼자 틀어박혀 무언가를 창조해내는 게 즐거운지 생각해보십시오. 신은 공평하게도 우리를 세상에 보내실 때, 남이 가질 수 없는 나만의 특기 한두 가지는 누구에게나 주셨다고 합니다. 그런데 우리 스스로가 어떤 특기를 받았는지 모르고 있을 뿐입니다.

자신이 하는 일에서 남들과 차별화될 수 있는 나만의 다른 길이 없는지를 항상 모색해봐야 합니다. 언제든 '다른 방법, 다른 상품이 있다'는 것을 기억해야 합니다. 아주 미미한 일이라 하더라도 누구도 손대지 않은 새로운 영역을 찾아내는 것이 중요합니다.

남들과 다른 1% '프리미엄' 전략을 가져라

경쟁력을 가지는 또 하나의 비결은 남보다 조금 더 하는 겁니다. 많이도 아니고 딱 1%만 더 해보십시오. 그러면 100% 경쟁력이 달라집니다. 1%만 더 했는데 100%가 달라진다니, 그게 말이 되느냐고요?

'법조계의 팔방미인'이라는 별명을 가진 고승덕 변호사는 본업인 변호사 활동뿐만 아니라 방송인으로, 대학교수로, 1인 4~5역을 하면서도 항상 활력과 자신감에 차 있습니다. 고 변호사는 자신이 그 어려운 사법고시에 도전할 때의 마음가짐을 이렇게 들려줍니다.

"세상은 절대적으로 잘하는 사람을 원하지도, 필요로 하지도 않습니다. 그냥 남보다 조금만 더 잘하면 됩니다. 그런데 다른 사람보다 잘하고 있는지 아닌지를 어떻게 판단하느냐 하면 그것은 남보다 조금만 더 하는 것입니다. 사실 인간은 다 거기서 거기입니다. 내가 하고 싶은 만큼만 하고 그 선에서 멈추면 남들도 거기에서 멈춥니다. 그러므로 남들보다 약간의 괴로움이 추가되었을 때라야 비로소 노력이라는 것을 했다고 할 수 있습니다."

정말 멋진 말이 아닙니까! 남들보다 10분만 더 해보고, 남들보다 1m만 더 달려보십시오. 여러분이 힘들 땐 남들도 똑같이 힘듭니다. 남들이 거기서 멈출 때 여러분은 딱 1%만 더 해보십시오. 그 1%의 프리미엄으로 100%의 경쟁력을 창출할 수 있습니다. 한 뼘 차이가 사소해 보이지만, 그것이 바로 인생의 커브를 바꾸어놓습니다.

한 가지 덧붙이자면, 셀프 마케팅에서는 이미지 메이킹Image Making도 중요한 요소입니다. 연예인들이 TV에서 우스갯소리로 '이미지 관리한다'고 하는 얘길 들어본 적 있죠? 물론 '좋은 이미지'라는 건 성형수술을 한다거나 화려하게 치장한다고 해서 만들어지는 것은 아닙니다. 내면에서부터 나와 자연스럽게 만들어지는 게 바로 한 사람의 이미지죠. 그러므로 기품과 지성이 저절로 흘러나오도록 부단히 자신의 내면을 고양시켜야 합니다.

한국 L&B연구소 김학선 소장이 펴낸 《키다리아저씨의 셀프 마케팅》이라는 책에서도 '나'를 팔리는 상품으로 만들기 위해서는 '나'라는 제품 자체가 주목받을 수 있도록 전문성과 상품성을 두루 갖춰야 한다고 주장합니다. 좋은 상품이 가진 전문성과 상품성이라는 게 뭘까요? 품질과 디자인은 물론이고 세상에 단 하나밖에 없는 특별함의 가치, 그 상품이 가지고 있는 이미지 등이 모두 포함되는 것이겠지요. 저자는 특히 자신의 인생에 새로운 테마를 꿈꾸거나 지금 자신의 분야에서 한 단계 더 올라가고자 하는 사람이라면, 지금 당장 '전공서적 100권 읽기'부터 실행하라고 요구합니다. 여러분도 아직은 '전공'을 확실히 정하지 않았다 하더라고, 좋아하고 흥미를 가진 분야가 있다면 그것과 관련된 쉬운 책부터 조금씩 읽어 나가보세요. 그러다 보면 좀더 크고 넓은 세계가 보일 테고, 차곡차곡 지식을 쌓을수록 여러분의 전문성은 점점 더 높아질 겁니다.

자신을 마케팅 하는 데 있어서 무엇보다 중요한 요소는 '할 수 있다'는 내부의 신념입니다. 많은 사람들이 성공하지 못하는 이유는 단순합니다. 신념이 부족한 탓이죠. 사람들은 대부분 '성공'이라는 것이 엄청나게 대단한 것, 나와는 거리가 먼 것이라고 규정하기 때문에 실패합니다. 성공이 자신에게 주어진 당연한 권리라고 생각하고 당당하게 앞으로 나아가세요. 앞에서도 강조했던 말, '믿는 대로 이루어진다'는 사실을 절대 잊지 마십시오.

자기 자신을 팔 수 없다면, 이 세상의 어떤 것도 팔 수 없습니다. 먼저 자신을 '이기는 상품'으로 만들어야 합니다.

비교급으로 살지 말라

젊음도 충분하지 않고, 사랑도 충분하지 않고, 성공도 충분하지 않다.
성취에 이른다 해도 충분하단 생각은 들지 않을 것이다.
– 믹논 맥러플린Mignon McLaughlin, 미국의 저술가이자 언론인

성공한 사람이란 해를 거듭할수록 자신의 분야에서 최고점에 다다르는 사람을 일컫는다.
– 스파키 앤더슨Sparky Anderson, 미국의 야구감독

늪 투성이인 초원에서 풀을 뜯고 있던 황소가 우연히 새끼 개구리들 가운데 발을 들여놓아 거의 대부분을 밟아 죽이고 말았습니다. 겨우 살아남은 새끼 개구리 한 마리가 이 무서운 소식을 가지고 엄마 개구리한테 달려갔습니다.

"어, 엄마! 그런 짓을 한 건 어떤 짐승, 아주 커다란 네 발 달린 짐승이었어요."

"커다랗다고?" 어미 개구리가 이어서 물었습니다.

"도대체 얼마나 큰데?"

그리곤 엄마 개구리는 자기 배를 한껏 부풀리며 다시 물었습니다.

"이 정도로 크던?"

"아이, 그보다도 훨씬 더 컸어요." 새끼 개구리가 대답했습니다.

"뭐? 그렇게나 컸다고?" 엄마 개구리는 좀더 몸을 부풀렸습니다.

"에이, 엄마! 정말이지 엄마가 아무리 배가 터지도록 몸을 부풀려 봐도 그 반의 반도 안 될 걸요?!"

엄마 개구리는 자기 힘을 무시한 새끼 개구리에게 화가 났습니다. 그래서 다시 몸을 있는 대로 한껏 부풀리려다가 그만 몸이 터져버리고 말았답니다.

《이솝우화》에 나오는 '개구리와 황소' 이야기입니다.

이 세상엔 남과 비교하느라 자신의 귀중한 에너지를 낭비하는 사람들이 많습니다. 자신이 가진 장점을 보지 못하고 남들이 가진 것만 바라봅니다. 그리고 끊임없이 자신의 단점을 남의 장점과 비교하며 스스로를 괴롭힙니다. 이 지구상엔 셀 수 없을 정도로 많은 사람이 삽니다. 그들 중 똑같은 사람은 단 한 명도 없습니다. 일란성 쌍둥이라 할지라도, 분명 어디가 달라도 다릅니다. 그런데 어떻게 우리가 남들과 똑같을 수가 있을까요?

여러분도 혹시 엄마 개구리처럼 행동한 적은 없나요? 나보다 키가 더 큰 친구, 나보다 집이 잘 사는 친구, 나보다 운동을 잘 하는 친구, 나보다 얼굴이 잘생긴 친구…. 그들과 자신을 비교하며 한없이 움츠러들곤 하진 않았나요?

제 친구의 딸아이가 여러분과 같은 청소년이었을 때, 반 친구들과 자신을 비교하는 성격 때문에 많이 힘들어했던 적이 있었다고 합니다. 그 아이는 잘난 체하는 아이들, 학교에서 소위 잘나간다는 아이들을 많이 부러워했었던 것 같습니다. 제 친구는 내성적인 딸에게 무슨 말을 어떻게 해줘야 할지 모르겠더라고 말하더군요. 그래서 당시엔 인생을 더 멀리 보면 아무것도 아니라고, 남과 비교할 필요 없다고 나름대로 조심스럽게 조언하기도 했답니다. 다행히 친구의 딸아이는 부모의 말을 귀담아 잘 들어서 고민이 많았을 그 시기를 무사히 건널 수 있었다고 하고요.

얼마 전 제 친구는 대학생이 된 딸에게 사춘기 때 부러워했던 그 친구들이 지금은 어떻게 지내느냐고 물어보았답니다. 친구의 딸은 이렇게 대답했다는군요.

"그 당시에는 잘난 체하는 아이들이 너무 멋있고 부러웠어요. 걔네들은 끼리끼리 잘 어울리고 선생님 몰래 머리도 기르고 화장도 하고, 늘 뭔가 신나게 지내는 것 같았으니까요. 내성적이고 조용한 편이었던 저는 항상 걔네들과 비교하면 뭔가 여러 가지로 뒤떨어지는 것 같았어요.

그리고 사실 그때는 '그저 열심히 공부하라'고만 하시는 부모님 말씀도 별로 마음에 와 닿지 않았어요. 정말 공부만 열심히 하면 되는 건가 의심스럽기도 했고요. 그런데 대학엘 가고 몇 년이 지난 지금은, 제가 그 아이들과 아주 다른 위치에 서 있다는 걸 발견하곤 해요. 솔직히 그땐 부모님이 '다른 아이들과 비교하지 마라', '묵묵히 주어진 임무를 다하고 최선을 다해 미래를 준비하라'고 하신 얘기들이 지겹기만 했는데, 돌이켜보니 그 말씀을 믿고 그 시절을 성실하게 보낸 것이 얼마나 다행인지 모르겠어요. 그때 학교에서 잘나가던 아이들은 요즘 동창모임에도 잘 안 나오고, 진학도 안 했는지 모두들 그저 그렇게 지내나 봐요."

제 친구 역시 사춘기를 잘 넘겨준 딸에게 항상 고마움을 느낀다고 말합니다. 그 아이뿐만 아니라 많은 청소년들이 끊임없이 남과 비교하면서 방황하곤 하죠. 그런데 그게 얼마나 부질없는 일인지는 지나봐야 비로소 알게 됩니다. 그래서 더더욱 '인생을 비교급으로 살지 말라'는 말을 강조하고 싶습니다.

남들과 비교하지 마십시오. 비교급 인생이 되면 불행합니다. 행복하기 위해서는 절대급으로 살아야 합니다. 사람에게는 각자 다른 달란트가 있습니다. 예술에 재능이 있는 사람, 장사에 재능 있는 사람, 공부를 잘하는 사람, 사람들을 즐겁게 해주는 데 탁월한 사람 등등. 또 사람에게는 각자 다른 삶의 방식이 있습니다. 다른 사람을 이끌고 지휘하는 데서 성취감을 느끼는 사람, 돈을 많이 버는 데서 만족감을 느끼는 사람, 그냥 소박하고 즐겁게 인생을 살고 싶은 사람. 그뿐인가요? 아주 작은 습관에서도 차이가 납니다. 무언가를 모으는 데 재미를 느끼는 사람이 있는가 하면, 무언가를 만드는 데서 행복감을 느끼는 사람, 무언가를 주는 데서 기쁨을 느끼는 사람이 있습니다.

　사람들은 간혹 돈도 많고 잘생기고 성공한 사람들을 보면서 그들이 모든 것을 가지고 있다고 부러워하거나 질투합니다. 정말 그들은 모든 것을 다 가졌을까요? 여러분이 좋아하는 유명 스타들을 봅시다. 그들은 일단 시간이 없습니다. 놀고 싶기도 하고 데이트도 하고 싶은데 그럴 시간이 없습니다. 밥 먹을 시간도 없어 김밥이나 햄버거로 대충 끼니를 때웁니다. 그뿐인가요? 얼굴이 알려져 있어 마음 놓고 아무데나 돌아다니지도 못합니다. 하루를 분 단위, 초 단위로 쪼개어 빠듯하게 생활하고 쉴 없이 연습하고 노력해야 합니다. 잠 한번 실컷 잘 수도 없고요. 만약 그들에게 소원이 뭐냐고 물으면 맘 놓고 잠 한번 편히 자고, 맘 놓고 먹고 싶은 것 먹고, 맘 놓고 거리를 활보하는 것이라고 할지도 모르겠습니다. 어떤가요? 우리들이 평소에 아무런 제약 없이 다 누리는 것 아닌가요? 대기업의 총수는 어떻고 대통령은 또 어떤가요? 그들은 기업을 살리고 나라를 경영하느라 늘 노심초사해야 합니다. 우리는 비가 오면 '그런가 보다' 하지만 그들은 비가 너무 많이 와도 걱정, 안 와도 걱정입니다. 더욱이 공인이라 자칫 말 한 마디라도 실수하면 온 나라가 떠들썩합니다.

　물론 그들은 그렇게 살기를 소망했고, 그들이 스스로 선택한 길이므로 불행하다고 말할 수는 없을 것입니다. 누구에게나 어울리는 옷이 있습니다. 자유롭게 살기를 원하는 사람에게는 자유로움을 만끽할 수 있는 옷이 필요합니다. 목을 옭아맨 고급 정장을 입고 답답하다고 투덜거려서는 안 됩니다. 반대로 찢어진 청바지에 빈티지 차림을 하고 다니길 원하는 사람이 점잖은 자리에서 무게 잡고 앉아 있기는 매우 거북하고 힘들 것입니다.

'이기는 습관'을 이야기하면서 왜 '절대급'이냐고 반문할지도 모르겠습니다. 물론 자신이 원하는 분야에서 최고가 되기 위해 누군가를 선의의 경쟁상대로 삼고 끊임없이 긴장하며 스스로를 독려하는 것은 매우 의미 있는 일입니다. 그러나 궁극적인 경쟁상대는 남이 아니라 바로 나 자신입니다. 제가 얘기하는 '이기는 습관'은 결국 자신과의 싸움에서 이기라는 것입니다. 한 분야에서 1등이 되고 최고가 되었다고 우쭐해지고 나태해지는 것은 진정한 '이기는 습관'이 아닙니다.

명장의 경지에 이른 도자기 장인은 남들이 보기엔 멀쩡한데도 자신이 빚은 도자기를 주저 없이 깨트려버립니다. 자신의 절대적 기준에 미치지 못했다는 이유 때문이죠. 마찬가지로 진정한 장인은 오직 도자기에 승부를 걸지, 돈이나 명예, 남들이 가진 좋은 자가용을 탐내지 않습니다. 안락하고 화려한 생활을 부러워하지도 않습니다. 그 자부심의 원천은, 그리고 그의 '이기는 습관'은 오직 자신의 도자기에만 있기 때문입니다. 그들에게 '최상급'이란 죽을 때까지 존재하지 않습니다. 오로지 현재 자신의 기준인 절대급만 있을 뿐이죠. 그들에게는 오늘의 최상급이 더 이상 내일의 최상급이 아닙니다. 그들은 하루하루 자신의 절대기준을 높여가며 그만큼 끊임없이 자신을 연마합니다. "성공한 사람이란 해를 거듭할수록 자신의 분야에서 최고점에 다다르는 사람을 일 컫는다."는 미국의 야구감독 스파키 앤더슨Sparky Anderson의 말처 럼요.

더욱이 그런 사람들은 자기 스스로뿐 아니라 남들의 비교 기준 에서도 일찌감치 멀어집니다. 다른 이들은 감히 따라올 수도 없 는 경지에 오르기 때문이지요. 그런 사람들이 바로 명인이 되고 전설적인 스포츠 선수가 되고, 불멸의 스타가 되고, 세계적인 과 학자가 되고, 그 분야의 전설적인 거장이 되는 것입니다.

자기 삶의 기준이 명확한 사람은 쓸데없이 남들의 부나 성공에 자신을 견주지 않습니다. 행복과 성공의 기준도 오로지 자신의 관점에 따릅니다. 반면 명확한 삶의 기준이 없는 사람은 자신에 게 없는 것을 끊임없이 부러워합니다. 그것이 바로 과욕입니다. 열정과 욕심은 분명히 다른 것입니다. 부자가 자신의 부에 만족 하지 못하고 더 많은 돈을 탐하거나 자신이 갖지 못한 명예나 명 성을 얻으려 할 때 자칫 잘못된 길에 빠지기 쉽습니다. 그 반대의 경우도 마찬가지죠. 학자나 정치가가 돈에 연연하면 온갖 비리에 연루되어 자신이 가진 명예나 업적까지도 모두 잃고 맙니다. 우리는 이제까지 그런 사례들을 너무나 많이 봐왔고요.

비교급 인생을 살면 자신이 지니고 있는 소중한 행복, 자신이 이룩한 의미 있는 성취를 보지 못합니다. 그리고 모든 것을 '소유'로만 판단하는 우를 범하게 됩니다. 마이크 모리슨Mike Morrison이 쓴 《명함의 뒷면》이라는 책에는 주인공 세스가 모든 것을 '소유'의 개념에서 바라봤던 자신의 어리석은 과거를 고백하는 대목이 나옵니다.

"나는 '소유'에 집착했기 때문에 최상의 것을 내 것으로 만들어야만 직성이 풀렸다. 인간관계나 학벌, 권력, 유명세처럼 눈에 보이지 않는 것이라 할지라도, 무언가를 내 것으로 만드는 것이 나에게는 삶의 목적이었다. 삶의 의미를 '나'의 바깥에 두고 있었던 것이다. 그것은 초점을 한참 잘못 맞춘 삶이었다.

주립대학교에서 학위를 받는다는 것은 나에겐 졸입 후 더 좋은 직장에 취직할 수 있는 특권과 기회를 의미했다. 그래서 높은 학점을 받는 데만 급급한 나머지, 대학이야말로 새로운 지식을 얻을 수 있는 가장 좋은 경험의 장이라는 사실을 잊고 있었다. 나의 관심사는 오로지 시험을 잘 보는 것뿐이었다. 다행히 나는 좋은 성적으로 학위를 따냈다. 문제는 그런 허술한 학습경험은, 당연한 얘기지만 내 인생을 풍요롭게 해주거나 정신적인 성장을 도울 만큼 깊지가 않았다는 것이다. 나는 그저 학위를 따기 위해 잠깐

동안 새로운 지식을 소유했던 것뿐이었다.

어쨌든 그렇게 대학을 졸업한 후 회사에 취직을 했다. 처음 만난 벤이라는 상사가 내게 회사생활에 대해서 이런저런 조언을 해주었다. 그러나 지금 생각해보면 그 상사가 알려준 것 역시 '소유'라는 목표를 더욱 강화시키는 것들뿐이었다. 내가 승진을 하기 시작하자, 그는 내 이력서가 좀 부실해 보인다며 리더십을 증명할 수 있는 몇 가지 과외 활동을 해보라고 조언했다. 리더 역할을 맡아본 경력이 추가되면 좋겠다며 다짜고짜 지역봉사단체와 환경단체에도 가입시켰다.

내가 그 단체에 가입한 이유가 뭔지 여러분은 잘 알 것이다. 그때 나의 관심은 오로지 이력서를 돋보이게 할 무언가를 '소유'하는 것뿐이었고 당연히 이 단체들이 무슨 활동을 하는지는 도통 관심도 없었다. 어쨌든 이력서에 한 줄 더 써넣을 사항은 생겼지만, 사실 그 단체에서 내가 어떤 리더십이나 경험을 제대로 쌓은 기억은 전혀 없다고 해도 과언이 아니었다. 그리고 그게 다가 아니었다…."

주인공 세스는 후일 회사의 최고중역 자리에까지 오릅니다. 그러나 그가 정년 퇴직을 하는 순간, 자신의 삶을 되돌아보며 과연 "나는 누구인가?", "내가 그토록 소유하고 싶어 했던 그 수많은 타이틀들…. 결국 CEO 자리까지 올라왔지만, 그 직함이 없어진 지금 과연 나는 누구인가?”라는 심각한 의문에 빠집니다. 그러면서 젊은 후배들에게 ‘명함의 앞면’에 적힌 타이틀이 아니라 진정한 자신만의 정체성, 그리고 진정한 프로로서의 삶을 살라고 조언합니다.

그렇습니다. 우리도 스스로에게 ‘내가 누구지?’라고 질문하게 되면 ‘내가 뭘 가지고 있지?’를 되묻곤 합니다. 진정한 최상급 인생을 살기 위해서는 무엇을 가지려 하느냐, 또는 무엇을 가지고 있느냐에 초점을 맞출 것이 아니라 내가 지금 무엇을 하는 사람인가에 초점을 맞춰야 하는 것입니다.

공부를 할 때도 마찬가지입니다. 단순히 점수를 더 받기 위해, 일류 대학에 가기 위해 하는 공부는 우선 재미가 없습니다. 그것이 일정 기간 자신을 독려하고 성취의 기쁨을 주는 단기적인 목표가 될 수는 있어도 궁극적인 인생의 목적은 될 수가 없습니다.

공부를 할 때는 모르는 것을 알아가는 기쁨, 학문의 즐거움을 만끽하기 바랍니다. 누군가와 비교해서 더 높은 점수를 얻어내려고 하지 말고, 내가 가진 진정한 실력이 향상되고 있는가에 집중하기 바랍니다. 길게 보면 그것이 승리하는 게임입니다. 아울러 자신이 하고 싶은 일, 지금 해야 할 일에 매진할 때는 다른 것을 돌아보지 마십시오. 놀 것 다 놀고 성공하는 사람은 없습니다. 간혹 자신은 공부 하나도 안 하고 놀 것 다 놀고, 잠잘 것 다 잤는데도 성적이 잘 나왔다고 하는 친구들 얘기는 믿지 마세요. 그들은 여러분이 안 볼 때 분명 코피 쏟아가며 공부했을 겁니다.

도 성적이 잘 나왔다고 하는 친구들 얘기는 믿지 마세요. 그들은 여러분이 안 볼 때 분명 코피 쏟아가며 공부했을 겁니다.

프로만이 살아남는다

당신이 진심으로 성공하고자 한다면,
자기훈련을 두 번째 사랑으로,
목표실징을 첫 번째 사랑으로 삼아라.
– 월터 크라이슬러Walter Chrysler, 크라이슬러 사의 창업자

훈련하는 데는 돈이 든다.
그러나 훈련을 하지 않으면 돈을 벌 수 없다.
– 부차한, 중국의 기업가

"지금 자면 꿈을 꿀 수 있지만, 안 자면 꿈을 이룰 수 있다고 생각했습니다. 연습에는 장사 없으니 죽을 만큼 노력하자, 안심하면 무너진다…. 그런 생각뿐이었죠. 제게는 노력이라는 칼이 있으니까요. 불안감을 연습으로 극복했습니다. 120%를 준비해야 무대에서 100%의 실력을 발휘할 수 있습니다. 준비가 제대로 되어 있지 않으면 저는 아예 시작도 하지 않습니다."

여러분도 잘 알고 있는 월드스타 '비'(본명 정지훈)의 이야기입니다. 처음에 이 곱상하게 생긴 청년이 가수라고 나와서 노래를

부를 때만 해도 저는 그저 젊은 여성들에게 인기깨나 끌겠다 하고 생각했지 이렇게 대성하리라고는 사실 짐작지도 못했지요.

그러나 지금은 중년 아저씨인 저도 그의 열렬한 팬이 되었습니다. 그에게서는 타고난 끼와 말로 다 표현할 수 없는 폭발적인 에너지와 열정이 배어나오기 때문이죠. 결정적으로 제가 그를 좋아하게 된 것은 그가 지독한 '연습벌레'라는 사실을 알고 나서부터였습니다.

언젠가 한 TV 프로그램에서 데뷔 시절부터 현재에 이르기까지 그의 성장과정을 다큐멘터리 형식으로 보여준 적이 있었지요. 가수가 되고 스타가 되기까지 그의 노력은 일반인들의 상상을 훨씬 초월하는 것이었습니다. 저는 매우 감동을 받았습니다. 속된 말로 '뭘 해도 될 놈이구나' 싶었죠.

지금은 그의 가장 큰 매력이라는 가느다란 실눈도 가수가 되려고 기획사를 찾아다니던 시절에는 "쌍꺼풀 수술부터 하고 오라."는 소리를 들을 만큼 약점이었고, 뭇 여성들의 가슴을 설레게 하는 그 곱상한 얼굴선도 그때는 "얼굴이 좀 딸리네." 하는 소리를 들었다고 합니다. 수없이 거절을 당하면서도 그는 자신의 무한한 가능성을 스스로 굳게 믿었지요. 그리고 그런 그를 알아봐주고 지독하게 훈련시킨 조련사가 바로 JYP 엔터테인먼트의 박진영 사장이었습니다.

그 프로를 보면서 저 역시 신입사원 시절, 많은 선배들과 상사들로부터 혹독하게 조련을 받았던 기억이 떠올랐습니다. 지금은 그 분들께 감사할 따름이지만, 그 훈련이 어찌나 지독했던지 당시엔 참 야속하게만 느껴졌었지요.

한번은 이런 일도 있었습니다. 그러니까 지금으로부터 30년 전, 그 당시엔 컴퓨터가 보급되기 전이라 중요한 문서는 필경사를 불러 쓰게 하거나 보통 먹지를 대고 타이핑을 해서 보고서를 만들던 때였어요. 미리 인쇄된 보고서 양식도 없어서 일일이 자를 대고 펜으로 줄을 그려야 했고요. 어느 날 과장이 저를 부르더니 여사원이 먹지를 대고 타이핑할 수 있도록 퇴근 후에 집에 가서 양식을 깨끗이 그려오라는 것이었습니다. 그래서 전 밤늦게까지 아내와 함께 자로 줄 간격까지 재어가며 일일이 줄을 쳐서 양식을 만들었고, 다음날 그렇게 그린 양식 80여 장을 갖다드렸습니다.

그런데 과장은 그것을 한두 장 휙 넘겨보더니, 바로 눈앞에서 모두 북북 찢어버리는 게 아닙니까? 그리곤 호통을 치기 시작했습니다.

"이것도 양식이라고 그려온 거예요? 전부 볼펜 찌꺼기가 묻어 있고, 줄친 것도 들쭉날쭉해서 어디는 굵고 어디는 가늘잖아요!"

기가 막혔습니다. 아무리 그렇더라도 아내까지 동원해서 밤새도록 고생고생해서 작업한 것을 저렇게 일말의 주저도 없이 박박

찢어버리다니…. 내가 이런 허드렛일이나 하려고 그 어려운 시험을 보고 이 회사에 들어왔나 싶은 생각에 깊은 수치심과 회의가 밀려왔습니다. 자리에 돌아온 저는 그 길로 주섬주섬 짐을 챙겨 퇴근을 해버렸죠.

퇴근시간도 안 되었는데 일찍 귀가한 저를 보고 아내는 깜짝 놀라 "회사에서 무슨 일이 있었던 거예요?" 하며 꼬치꼬치 캐물었습니다. 아내의 질문에 대충 얼버무려 대답하고 이런저런 생각을 하다 보니 저녁 7시가 다 되었습니다. 초인종 소리에 나가보니 아까 그 과장과 대리가 함께 우리 집 문 앞에 서 있었습니다. 아직 감정이 남아 있었지만 일단 집 안으로 모셔 이야기를 나누었죠.

"회사를 그만둘까 합니다."

제가 먼저 입을 열었습니다.

"훈련의 과정은 언제나 어렵고 힘든 법입니다. 그리고 나는 당신을 다른 사람보다 더 혹독하게 조련하려고 합니다. 그만한 재목이라고 처음부터 생각했으니까요. 앞으로 아무리 혹독한 과정이 있더라도 참고 견디고 인내해야 합니다."

과장은 그러면서 자신이 비서실에서 근무할 때는 더욱 까다롭고 철저한 조련을 받았다고 얘기했습니다. 옹졸하고 성급했던 제 자신이 갑자기 부끄러워졌습니다. 그 사건이 계기가 되어 저는 그 과장과 더욱 친해졌고 우리는 많은 일을 같이 해결해나가는 환상의 콤비가 되었습니다.

그 후에도 저는 마케팅 부서로 발령받아서 주말이건 일요일이건 밤낮을 가리지 않고 현장을 방문해 시장 상황을 체크해야 했습니다. 게다가 한참 경쟁사와 치열하게 시장 점유율 다툼을 할 때는 전자상가 앞에서 불법유통을 하는 차량을 잡으려고 새벽잠을 설친 일도 허다했습니다. 그때 제 직속상사는 매우 깐깐하고 승부욕도 무척 강했지요. 무슨 일이든 항상 명쾌한 논리가 있어야 하고 항상 새로워야 하고 항상 도전적이어야 했던 그 분의 업무추진 방식을 두고 다들 '피도 눈물도 없는 사람'이라며 혀를 내두르고 손가락질까지 했으니 말입니다. 그러나 그런 지독한 선배를 만나서 함께 고생하며 배웠던 것이 지금까지도 얼마나 큰 밑천이 되고 있는지 모릅니다. 밤을 새워가면서 미친 사람처럼 열정적으로 일했던 그 분들의 모습이 저에겐 무엇보다 큰 자극이자 동력이었습니다.

그 후로 무공전수(?)는 계속 이어져 저 역시 후배들을 무섭게 조련시키기로 유명한 사람이 되었습니다. 사소한 일로 갈등하고 번민하는 후배들을 보면 "후배여! 당신이 이 조직에서 더 오래 근무할 사람 아닌가? 더 힘을 내게!" 하며 격려를 보내곤 했죠. 그들도 지금은 다 현업에서 내로라하는 자리들을 차지하고 있습니다. 참으로 이상한 것이 잘 대해주고 그냥 편하게만 대해준 후배들보다 혹독하게 훈련시키고 냉정하게 키운 후배들이 지금 더 많이 저를 따르고 찾는다는 것입니다. 이심전심이랄까요? 저 역시 그 친구들에게 더 애정이 가고 생각도 많이 납니다. 그래서 저는 지금도 후배들에게 이렇게 말합니다. "싹수가 안 보이고 별로 애정도 없으면 잔소리도 하지 마라. 그러나 정말 당신이 후배를 아끼는 마음이 있다면 지독하게 훈련시켜라. 그것이 선배로서의 도리다. 당신이 선배들에게 받은 것을 후배에게 돌려주라."

프로만이 살아남는다

어렵고 가치 있는 일일수록 시련은 많은 법입니다. 그러므로 시련이라는 것도 성공으로 나아가는 거대한 사이클의 일부라고 생각하고 더 넓게 해석할 줄 아는 지혜를 가져야만 합니다. 건강하게 살기 위해서는 각종 바이러스와 세균들과 싸워 이겨야만 하는 것처럼 말입니다.

여러분은 아마추어와 프로의 차이가 무엇인지 알고 있나요? '프로'는 일단 실력의 기복 없이 언제 어디서나 일정하고 꾸준합니다. 반면 '아마추어'는 외부 환경의 변화에 따라 성과가 들쭉날쭉 하지요. 또 프로는 절대적인 기준에 도전하는 반면, 아마추어는 그저 상대와의 격차를 조금만 벌여도 만족합니다. 프로는 솔선수범하여 신화를 만들어내지만, 아마추어는 남들을 탓하고 환경을 핑계대기 바쁩니다.

지독한 훈련으로 명성이 높았던 한 피아니스트가 있었습니다.

그는 자신이 하루도 빼먹지 않고 연습을 하는 이유에 대해 이렇게 말했다고 합니다.

"하루 연습을 안 하면 내가 압니다. 이틀 연습을 안 하면 비평가들이 알지요. 그리고 사흘 연습을 안 하면 청중 모두가 압니다."

이것이 진정한 프로의 정신입니다.

좀더 큰 내일을 위해, 오늘의 작은 고통을 즐기는 자만이 진정한 프로가 될 수 있습니다. 부자가 되고 싶어 하는 사람들과 다이어트를 하는 사람들은 오늘의 배고픔을 참아냅니다. 다가올 미래의 성공과 날씬하고 아름다운 몸매에 대한 기대 때문이지요.

훈련이란 본능을 극복하는 행위입니다. 좀더 편하게, 좀더 쉽게 살려는 저 밑바닥의 본능을 누르고 자신을 통제하고 훈련하는 사람만이 인생의 행복과 성공을 거머쥘 수 있습니다. 이 세상에 공짜는 없습니다. 철학자 니체의 말처럼 "자신에게 명령하지 못하는 사람은, 남의 명령을 들을 수밖에 없습니다."

전략의 습관,
방법을 아는 것도 힘이다

커다란 비전과 목표를 향해 가는 길에 세심한 계획은 필수사항이죠.
독서라든가 여행을 통해서 직간접적으로 세상을 배우고 전략을 익히십시오.
또한 멘토와 역할모델을 찾아서 그들에게 조언을 구하십시오.
언제 어디서 누구에게든 도움을 청하고, 잘하는 사람을 따라 하다 보면
자기도 모르는 사이에 선두그룹에 합류해 있음을 발견하게 될 것입니다.

아는 만큼 보인다
독서는 나의 힘

독서는 일종의 탐험이어서
신대륙을 탐험하고 미개지를 개척하는 것과 같다.
– 존 듀이John Dewey, 미국의 교육철학자

나는 독서하는 방법을 배우기 위해서 80년이라는 세월을 바쳤는데도
아직까지 그것을 다 배웠다고 말할 수 없다.
– 요한 볼프강 폰 괴테Johann Wolfgang von Goethe, 독일의 작가

얼마 전 여섯 살짜리 조카 녀석과 함께 모처럼 공원이라도 가야겠다고 마음먹고 "준현아, 큰아빠가 맛있는 거 사줄 테니까 같이 공원에 가자." 하고 말을 걸었습니다. 그런데 녀석이 하는 말이 가관이었습니다.

"으응~ 큰아빠, 저 오늘 무진장 바빠요. 그냥 혼자 가세요."

저는 아직 학교도 안 다니는 녀석이 뭐가 그리 바쁘다는 건지 어이가 없어서 "아이고! 그러세요? 뭐가 그리 바쁘시옵니까?" 하고 물어보았습니다.

그러자 녀석은 "응~ 나는 스파이더맨이거든. 그래서 세상을

구하려 다녀야 돼." 하며 쏜살같이 밖으로 나가는 것이었습니다. 나 원 참! 멍하니 서 있는 저에게 누이가 키득키득 웃으며 "호호. 오빠도 당하셨네요. 쟤 요즘 무진장 바빠요. 물론 주 활동무대는 놀이터지만…. 말도 마세요, 정말 자기가 스파이더맨인양 잠잘 때도 장갑을 꼭 끼고 자고요, 걸핏하면 벽이나 문에 붙어서 올라타고 난리랍니다. 진짜 스파이더맨 같아요." 하는 겁니다.

저는 그 말을 듣고 그제야 고개를 끄덕였습니다. 어쩌면 준현이는 정말 자기가 스파이더맨이라고 믿고 있는지도 모르겠다는 생각을 하면서요.

사람은 자신의 인식에 따라, 그리고 스스로를 어떻게 규정하고 있느냐에 따라 다르게 사고하고 다르게 행동한다고 합니다. 사물과 세상을 보는 시각도 마찬가지지요. 그래서 같은 토끼를 보더라도 어떤 사람은 애완용으로, 어떤 사람은 요리재료로 바라봅니다. 어린 준현이는 자신을 스파이더맨으로 규정해놓았기 때문에 벽을 올라타고 문에 매달려서 세상을 구하느라 바쁜 거지요.

그러나 조금 더 나이가 들면 준현이도 스파이더맨 노릇을 그만둘 겁니다. 왜냐고요? 슬프지만 스파이더맨은 만화나 영화 속 주인공일 뿐이란 걸 알게 될 테니까요. 당연히 여섯 살짜리 준현이의 사고와 스무 살짜리 준현이의 사고가 같아서는 안 되겠죠? 만약 그렇다면 모두들 그 아이를 미숙아 취급할 겁니다.

그런데 놀랍고도 안타까운 일은, 성인이 되었는데도 미숙아처럼 행동하는 사람들이 의외로 많다는 것입니다. 특히 요즘 젊은이들은 부모님의 극진한(?) 보호 속에서 성장해서인지 스스로 판단하고 해결하는 태도가 많이 부족해 보입니다. 토플시험에서 만점을 받고 일류대학을 나왔어도, 단순하기 짝이 없는 유치원생 수준의 사고력을 가진 친구들을 쉽게 찾아볼 수 있습니다.

그도 그럴 것이 어린 시절부터 청소년 시절까지 오로지 학원이다 과외다 엄마 손에 끌려 다니며 일방적인 교육만 받아왔으니까요. 마음껏 상상하고 생각하는 법을 익혀야 할 시기에 책 한 권 깊이 있게 읽어보지도 못한 친구들이 얼마나 많은가요. 그나마 독서라고 하는 것도 겨우 입시에 필요하다 싶은 것만 적당히 요약해서 읽고 마는 수준이니, 그들의 사유 능력이 성장하지 않은 것도 어찌 보면 당연한 일입니다.

사람은 자신이 아는 만큼 보고 아는 만큼 사유합니다. 우리가 흔히 쓰는 '우물 안 개구리'라는 비유처럼 시야가 좁은 사람은 세상이 얼마나 넓은지 알 수가 없습니다. 말단 신입사원이 일을 바라보는 관점과 CEO가 바라보는 관점은 굉장한 차이가 있습니다. 그 '앎'의 원천인 경험과 관점은 사유에서 옵니다. 그리고 그 사유의 가장 중요한 원천은 독서입니다.

여러분도 잘 아는 컴퓨터 황제 빌 게이츠 회장! 그의 엄청난 상상력과 천재적 사고는 어디에서 비롯된 것일까요? 푸허녠傅鶴年이 쓴 《빌게이츠의 인생수업》이란 책에는 어린 시절 폭넓게 지식을 습득해가는 빌 게이츠 회장의 모습이 다음과 같이 묘사되어 있습니다.

아버지를 더욱 놀라게 한 것은 아직 여덟 살밖에 안 된 아들이 집에 있는 두툼한 백과사전을 읽기 시작했다는 것입니다. 어린 빌에게 사전은 실로 엄청나게 방대한 분량이었습니다. 빌은 장장 5년에 걸쳐 읽었는데, 중학교에 들어간 후에야 이 백과사전을 완독할 수 있었습니다. 이렇게 5년간 읽은 백과사전이 그에게 남긴 것은 적지 않았습니다. 얼마나 많은 내용을 기억하고 있는지가 중요한 게 아니었습니다. 백과서전을 읽으면서 그의 시야가 넓어졌고 하나를 보고 열을 유추해내는 능력도 길러졌습니다.

지금까지도 그는 종종 이 이야기를 꺼내며 즐거워합니다. 어린 시절 커다랗고 두툼한 백과사전을 펼쳐들고 읽었던 모습을 기자들에게 설명할 때마다 그는 늘 고개를 절레절레 흔들며 말했습니다. "그렇게 두꺼운 책이 여러 권인 데다가 모르는 단어는 좀 많아야죠. 읽느라고 얼마나 고생했는지 몰라요!"

만약 당시 그가 백과사전과 씨름하며 새로운 지식을 폭넓게 쌓지 않았다면 대학도 제대로 졸업하지 않은 그가 과연 오늘날의 자리까지 오를 수 있었을까요?

사람은 아는 만큼 힘을 가지게 됩니다. 똑같은 환경에서 똑같은 일을 하더라도 많이 알고 지식이 풍부한 사람은 일을 쉽게 처리합니다. 그리고 참신한 아이디어를 많이 내놓아서 일을 더 빠르고 더 훌륭하게 처리해낼 수 있습니다. 또한 지식이라는 것은 완전히 다른 분야라 하더라도 서로 불가분의 관계로 통하기 때문에 한 분야에 깊이 있는 지식을 많이 가지면 다른 영역으로도 쉽게 넓혀갈 수가 있습니다.

현재 강력한 미국 대통령 후보로 거론되고 있는 여걸, 힐러리 클린턴Hillary Rodham Clinton도 자신의 가장 큰 자산을 '독서'라고 꼽은 바 있습니다. 부잣집이나 명문가의 딸들만 다닌다는 웰즐리 여대(Wellesley College)에 입학한 힐러리는 처음엔 시골 출신이라는 자신의 처지 때문에 주눅이 들었었다고 합니다. 그러나 얼마 지나지 않아 그녀는 곧 자신감을 회복하게 되었는데, 그것은 다름 아닌 자신의 동기생들 덕분이라고 합니다. 그녀들을 유심히 관찰한 결과 자신이 겁먹을 이유가 전혀 없다는 판단이 들었던 거죠. 한마디로 그녀들은 생각이라곤 할 줄 모르는 '돌머리들'이었던 겁니다. 그녀가 관찰한 부잣집 딸들의 특징은 3가지였다고 합니다. 첫째 스스로 생각해서 행동하는 법이 없고, 둘째 미래에 대한 장기적인 계획이 없고, 셋째 모든 일을 재미로만 판단한다는 것이었지요.

그런데 힐러리는 그녀들이 그렇게 된 주요 원인이 빈약한 독서 습관 때문인 것으로 분석하고 있습니다. "그녀들은 독서보다는 TV 시청에 열을 올렸고, 책을 읽어도 두뇌에 강렬한 영감과 지적 자극을 주는 철학이나 사회학 관련 서적보다는 흥미 위주의 가벼운 소설책만 읽고 있었다. 그러다 보니 그들은 입체적인 사고라고는 전혀 할 줄 모르는 '단순한 두뇌'의 소유자들이었다."

힐러리가 이렇게 생각한 이면에는 자신의 특별한 독서법에 대한 확신이 자리 잡고 있었지요. 이른바 '존 스튜어트 밀 식 독서법'이 그것입니다.

존 스튜어트 밀John Stuart Mill은 천재적인 사상가로도 유명하지만 특별한 독서법으로도 유명한 사람입니다. 평범한 두뇌를 타고 났지만 아버지인 제임스 밀에게 독서교육을 받은 뒤로부터 천재적인 두뇌를 갖게 된 것으로 알려져 있지요. 그 독서법의 요점은, 어린 시절부터 플라톤이나 아리스토텔레스 등 천재 사상가들의 책을 읽는 것입니다. 보통 이런 철학고전 책들은 어려워서 어느 정도 성장한 후에 읽어야 된다고 알고 있는데, 어린 시절부터 읽어도 무방하다고 합니다. 어쨌든 스튜어트 밀은 이 독서법 덕분에 또래 아이들보다 5년은 앞서갔고, 이미 20대 중반에 천재 사상가의 반열에 오르게 됩니다.

처칠, 에디슨, 아인슈타인도 모두 어려서는 자신들의 재능을 빛내기 어려웠지만 이와 비슷한 방식의 '철학고전 독서교육'을 10년 이상 받고 천재로 거듭난 사람들이라고 합니다. 이걸 보면 분명 이 독서법은 효과가 있는 것 같습니다. 여러분도 한번 시도해보시기 바랍니다.

저 역시 '밥은 굶는 한이 있더라도 책 읽기는 쉬지 말라'고 하시던 어머니 말씀을 따라 어린 시절부터 늘 책을 곁에 두고 살아가는 편입니다. 덕분에 일을 할 때나 어떤 판단을 해야 할 때 책을 통해 습득한 지식과 지혜가 참 많은 도움이 되어주고 있습니다.

독서는 또한 심리적 감옥에서 우리를 해방시킵니다. 독서를 통해 풍부한 상식과 지혜, 입체적인 사고력을 갖게 되면 쓸데없는 불안이나 환상, 사소한 편견으로부터 자유로워집니다.

그러므로 우리가 몸을 위해 좋은 음식이나 영양제를 챙겨먹듯 독서를 통해 정신의 비타민을 섭취해야 합니다. 세상을 살아가는 데 '경험'보다 확실한 자산이 없다는 건 모두 다 알지만, 시간적으로나 공간적으로나 모든 것을 다 경험할 수는 없습니다. 그때 독서를 통해 우리는 무수히 많은 간접경험을 하게 됩니다. 철학고전을 읽으며 우리보다 앞서 존재론적인 고민을 했던 사상가들의 지혜를 습득하고, 셰익스피어가 쓴 수많은 명작희곡들을 읽으며 그 속에서 울고 웃는 천태만상의 인간사를 경험하게 됩니다.

여행기를 읽으며 시공을 초월해 세상 여러 곳을 돌아볼 수 있고, 자기계발서를 읽으며 살아가는 방법과 지혜도 배우게 됩니다.

어쩌면 이 책을 읽고 있는 지금 이 순간에도 여러분은 그와 같은 지혜를 습득하는 중이라고 할 수 있겠지요. 그렇다면 독서는 어떻게 하는 것이 좋을까요? 제 경험에 의하면 독서를 할 때 다음과 같은 몇 가지 방법이 많은 도움이 되었습니다.

• **첫째, 독서는 읽는 것뿐 아니라 묵상이 필요합니다.**

즉 눈으로만 읽는 것이 아니라, 그 책을 쓴 저자가 전하고자 하는 진짜 의도가 무엇인지를 깊이 생각하고 가슴으로 공유해야 합니다. 그래야만 그 책이 온전히 자기 것이 됩니다. 내용이나 줄거리는 줄줄이 꿰는데도 그 책이 전하고자 하는 진정한 메시지, 혹은 저자가 숨겨놓은 행간의 의미를 전혀 이해하지 못하는 사람들이 많습니다. 책을 읽는 것은 대사를 외우기 위함이 아니라, 그 속에 숨겨진 의미와 지혜를 내 것으로 만들기 위함입니다. 물론 그 중에는 내 생각이나 사상과 다르거나 받아들일 수 없는 것도 있을 것입니다. 그럴 때는 무조건 배척하거나 생각 없이 수용할 것이 아니라 저자와 마음속으로 논쟁을 한다고 생각하면서 읽는 것도 좋은 방법이며, 이를 통해 가까이할 것과 멀리할 것을 구별해낼 수도 있습니다. 또 그렇게 하다 보면 보다 입체적이고 논리적인 사고력도 자연스럽게 향상될 것입니다.

책을 읽으며 감동을 주는 글귀에 밑줄을 긋는 것도 좋지만, 가급적이면 노트를 만들어 따로 정리해두는 습관을 붙이는 게 좋습니다. 가령, 감동을 준 글귀들만 모아놓은 '감동노트', 모르는 사람이나 이야기가 나오면 따로 적어놓았다가 찾아보기 위한 '꼬리물기 학습노트', 책 중에 소개된 새로운 책 목록을 적어놓는 '꼬리물기 독서노트' 등을 별도로 만들어 책을 읽으면서 그 때 그 때 필요한 것들을 옮겨 적어놓는 것입니다. 이때 읽은 책 제목과 읽은 날짜, 장소 등을 같이 명기해두면 나중에 추억도 되고 자료로서도 많은 도움이 됩니다.

또한 단순히 밑줄만 긋는 게 아니라 손수 옮겨 적어보는 과정에서 훨씬 더 명쾌하게 뜻이 이해되기도 하고, 자연스레 외워지기도 합니다.

•셋째, 독서 후에는 부모님이나 친구들과 토론을 해봅시다.

머릿속으로 혼자 생각하면 정리가 잘 되지 않거나 이해가 안 되었던 부분도 함께 토론을 하다 보면 훨씬 이해도 잘 되고 명쾌하게 정리되기도 합니다. 또한 같은 책에 대해서도 다양한 생각과 해석이 존재한다는 것을 알게 됨으로써 다양하고 입체적인 사고력을 갖게 됩니다.

청소년기의 독서습관이야말로 미래의 우리 삶을 풍요롭고 지혜롭게 해주는 가장 중요한 자산입니다. 그리고 여러 '이기는 습관' 중에서도 여러분이 제일 먼저 몸에 붙여야 할 최우선적인 습관입니다. 아는 만큼 보이고, 보이는 만큼 풍요롭게 살 수 있기 때문입니다.

마음의 출구, 여행을 즐겨라

여행을 떠나지 않는 자는
인생이라는 거대한 책의 첫 페이지밖에 읽지 않은 사람이다.
여행이라는 몸의 독서가 아니라면 우리는 세상의 한 조각도 제대로 읽어내지 못할 것이다.
– 아우구스티누스Augustinus, 로마 가톨릭의 성인

떠나라! 어디든, 거기서 '너'를 발견할 테니까….
호기심만 있다면 여행을 떠나는 사람은
누구나 시인도 되고 화가도 된다.
– 알랭 드 보통Alain de Botton, 영국의 작가

어린 시절 만화로 보았던 '손오공'을 기억하지요? 그 손오공의 원작소설이 《서유기》라는 것도 아마 알 겁니다. 그런데 그 《서유기》에서 손오공 일행이 요괴와 싸우는 주 무대가 어디인 줄 아시나요? 바로 중국 서역에 있는 화염산火焰山이라는 곳입니다. 손오공은 삼장법사와 인도로 경전을 구하러 가는 도중 이 화염산이 있는 곳까지 도달하는데, 요괴의 방해로 활활 불타고 있는 이곳을 넘느라 갖은 고초를 다 당하지요.

제가 왜 이 이야기를 하느냐고요? 언젠가 실크로드를 여행할

기회가 있어 그곳에 가본 일이 있거든요. 중국 서쪽 사막 한가운데에 현재 '투루판Turfan'이라 불리는 오아시스 도시가 있는데, 정말 《서유기》에 나오는 그 화염산이 실제로 존재하더군요. 그런데 막상 소설 속 현장을 직접 보니 가슴이 설레면서도 한편으론 어쩐지 좀 서운한 생각이 드는 겁니다. 소설로 읽었을 때는, '인간의 상상력이란 게 어쩌면 이렇게 기발하고 무궁무진할 수 있을까?' 하며 감탄에 감탄을 금치 못했었는데, 꼭 그런 것만은 아닐 수도 있겠다 하는 생각이 들었거든요. 왜냐고요? 우선 손오공이 구름을 타고 다닌다는 게 얼마나 기발한 발상인가요? 그런데 투루판에 가보면 사막지대의 뜨거운 복사열 때문에 뭉게구름 조각들이 바로 우리 머리 위로 둥실둥실 떠다닙니다. 꼭 손오공이 타고 다녔을 것 같은 그런 뭉게구름들이 손을 뻗으면 바로 잡힐 것만 같죠. 그러니 누구라도 그 구름을 잡아타고 다닌다는 상상을 할 수 있겠다는 생각이 들더군요.

또 《서유기》에서 수많은 요괴와 괴물이 돌산에서 튀어나오고 그 산을 요괴가 불태웠다고 했는데, 이 화염산을 보면 그런 생각이 저절로 듭니다. 화염산은 말 그대로 불이 활활 타오르는 산이라는 뜻인데, 태양이 작열하는 한낮이 되면 이 산의 지표면 온도는 최고 90℃까지 올라가지요. 그러다 보니 풀 한 포기 나지 않는 완전한 돌산에다가 멀리서 보면 마치 산 전체가 보라색 불꽃이 이글거리는 형상으로 보입니다. 게다가 기기묘묘한 바위들의 형태들이 정말 그대로 괴물들이 화석이 되어 굳어져 있다가 금세라도 튀어나올 것만 같은 모습이더군요. 결국 인간의 상상력이라는 게 자신이 처한 환경과 경험의 산물이구나 하는 생각이 들 수밖에 없었습니다.

태국에서 캄보디아로 들어가는 일직선 육로가 있습니다. 사방으로 산이 하나도 보이지 않는 넓은 평야지대라 차를 타고 가는 내내 양옆으로 끝없는 지평선이 펼쳐지더군요. 그런데 저녁 무렵이 되자 갑자기 하늘 위에서부터 검은 띠가 나타나더니 일직선으로 긴 장막을 드리우며 주루룩 내려오는 겁니다. 그러더니 순식간에 사방이 깜깜해지더군요. 그 모습은 평생 처음 보는 잊지 못할 광경이었지요. 여러분도 한번 상상해보세요. 마치 커튼처럼 어둠이 일직선으로 내려오는 것을요. 그때까지 제가 봐왔던 저녁은, 해가 서쪽으로 기울면서 서서히 어둑어둑해지다가 산 뒤로 해가 지면서 노을이 번져가는 풍경이었죠. 여러분도 당연히 그렇게들 알고 있지 않나요? '문화적 충격'이라는 말이 있는데, 그 모습이야말로 제겐 바로 '지리적 충격' 그 자체였죠.

어쨌든 저는 멍하니 어둠의 장막이 내려오는 것을 바라보다 불현듯 인도의 시성詩聖 타고르Rabindranath Tagore의 시구가 떠올랐습니다. 그가 유난히 즐겨 쓰던 표현 중에 '밤의 장막'이란 말이 있었거든요. 어쩌면 인도에서도 이렇게 커튼처럼 밤이 찾아오는

148

것은 아닐까 하는 생각이 들었습니다. 물론 혼자만의 상상이겠지만 그의 노벨문학상 수상작인 '기탄잘리gitanjali'라는 시에서도 '밤의 장막'이라는 표현이 여러 번 나옵니다.

"지친 낮의 눈 위에 '밤의 장막'을 끌어다 놓으심으로써
다음날이 되면 더욱 신선한 각성의 기쁨 속에서
그 눈이 보도록 다시 새롭게 하시는 것은 당신입니다."

"그렇게 되면 두터운 '어둠의 장막'을 끌어와 저를 덮어주소서.
당신께서 잠의 덮개로 대지를 감싸던 것처럼"

어쨌든 제가 그곳에 직접 가보지 않았다면 아마도 저는 평생 왜 손오공이 구름을 타고 다닌다고 했는지, 왜 요괴가 화염산을 불태웠다고 했는지, 타고르가 왜 '밤의 장막'이라고 표현했는지 생각조차 해보지 않았을 겁니다. 그냥 그런가보다 했겠지요. 제 상상이 맞든 틀리든, 그것은 여행을 통하지 않고는 결코 얻을 수 없는 하나의 신선한 충격이자 귀중한 발견이었습니다.

여행은 우리에게 참으로 많은 것을 가져다줍니다. 일단 익숙한 공간을 떠나는 것만으로도 우리의 의식은 한없이 자유로워집니다. 그래서 평소에는 상상할 수도 없었던 생각을 많이 하게 되지

요. 작가들이 새로운 작품을 구상할 때나 경영자들이 사업전략을 구상할 때 훌쩍 여행을 떠나는 것도 다 같은 이유에서지요. 또한 여행은 시간적으로도 우리를 해방시킵니다. 오늘이 아니라 수백 년 전, 수천 년 전으로 우리를 옮겨다 놓기도 하니까요.

책이나 TV에서 아주 먼 옛날 번성했던 고대도시의 모습을 본 적이 있을 겁니다. 허허벌판에 흙으로 빚어진 도시의 형태가 아스라한 과거의 영화를 대변해주고 있죠. 그곳에도 우물이 있고, 신전이 있고, 마을회관 같은 것도 있습니다. 수만 년 전, 과거의 도시에 말입니다. '아, 그 시절에도 사람들은 이렇게 살았구나. 지금의 우리처럼….' 하는 생각이 절로 떠오릅니다. 그러다 보면 몸은 비록 '오늘'에 있지만, 우리의 영혼은 멀고 먼 옛 사람들의 삶 속으로 저벅저벅 걸어 들어갑니다. 그러면서 사람들의 삶이란 게 예나 지금이나, 한국이나 중국이나 인도나 근본은 같구나 하는 걸 깨닫습니다. 하지만 분명 시간과 공간의 차이에 따라 완전히 다른 부분도 많다는 것을 알게 됩니다. 그 순간이야말로 우리의 의식의 지평이 한없이 넓어지는 순간입니다. 다르다고 생각한 것에 대한 공감과 소통, 또 다를 수밖에 없는 것에 대한 한없는 이해와 인정이 생기는 것이지요.

그래서 여행은 사람을 훌쩍 크게 합니다. '우물 안 개구리'라는 말은 평생 한 곳에 갇혀서 살면 세상을 딱 그만큼의 크기로밖에 보지 못한다는 말이지요. 요즘이야 TV나 인터넷을 통해 온 지구를 들여다볼 수 있지만, 예전 우리 조상님들 중에는 평생 바다 한 번 못 본 사람, 산 넘어 이웃마을 한 번 못 가본 사람들도 수두룩했습니다. 그 시대에 비하면 이제 우리가 직접 가서 보고 느낄 수 있는 세상은 정말 넓고도 넓어졌습니다. 그만큼 여러분들은 글로벌한 세상에 살고 있고 또 그만큼 넓은 시야를 갖게 되었지요.

하지만 앉아서 보는 세상과 여행을 통해 체험하는 세상은 달라도 한참 다릅니다. 히말라야 같은 세계의 최고봉들을 등정하는 산악인들이 가장 힘들어 하는 것 중 하나가 '고산병高山病'이라고 합니다. 산악 다큐멘터리를 볼 때마다 그들이 정상 등정을 코앞에 두고 숨을 헉헉거리며 이 고산병 때문에 괴로워하는 모습을 저도 자주 보았습니다. TV로 볼 때는 그냥 '높은 지대라 산소가 희박하니 당연히 숨이 차고 힘들겠구나…' 하고만 생각했습니다. 그린데 몇 년 진 티베드에 가서 직접 고산병에 걸려보고 나서야 이것이 '장난이 아니구나' 하는 걸 절실히 깨달았습니다. 산소가 부족하면 단순히 숨만 차는 것이 아니라, 머리를 바늘로 콕콕 찌르는 것 같은 심한 두통과 함께 구역질, 고열 등은 물론이고 온몸이 땅으로 꺼져 들어가는 것처럼 사지에 맥이 탁 풀려서 그야말로 한 발짝도 떼기가 힘들더군요. 심지어 관광객들 중에는 이 고산병을 이기지 못해 사망한 사람도 있다고 합니다. 이것이 얼마나 무섭고 괴로운 병인지, 저도 직접 겪어보고 나서야 비로소 알게 된 거죠.

이제는 히말라야를 등정하는 산악인들이 그렇게 존경스러울 수가 없습니다. 비록 고원지대이긴 했지만, 저 같은 사람은 등반은커녕 그냥 가만히 앉아 있는 것만으로도 죽을 것 같았는데, 그 험난하고 아찔한 산꼭대기까지 고산병과 추위, 눈보라를 이기면서 올라가다니 존경스러울 수밖에요.

아무리 많이 보고, 아무리 많이 들어도, 직접 체험해보지 않는다면 그것은 '진실'과 거리가 멀 수밖에 없습니다. 머릿속으로 상상한 고산병과 직접 체험한 그것이 달라도 너무 달랐던 것처럼 내가 알고 있는 것, 혹은 내 머릿속 상상과 다른 일이 세상에는 얼마나 많을까요?

TV를 통해 아프리카의 굶주린 어린이들을 보는 것과, 직접 그곳에 가서 그들을 보는 것 사이에는 분명 커다란 차이가 있습니다. 푹신한 소파에 누워 브라운관 속에 갇힌 그들을 볼 때 우리는 구경꾼에 불과합니다. 그러나 직접 그들 속으로 들어가 그들과 함께 울고 웃으며, 만지고 끌어안을 때 우리는 그들의 일부가 됩니다. 서로의 파장과 에너지를 느끼고 감정이 이입되지요. 굳이 다른 설명을 듣지 않아도, 성우의 절절한 내레이션이 없더라도, 그들의 아픔을 온전히 느낄 수 있습니다. 아프리카 기아체험에 다녀온 사람들이 구호활동에 앞장서는 것도 이 같은 까닭입니다.

152

이처럼, 여행은 '진실'에 눈을 뜨게 해줍니다. '구경꾼'이었던 나를 '참여자'로 만듭니다. 내가 모르는 많은 세상을 가르쳐주고, 내가 이해하지 못했던 다른 사람들의 처지와 생각을 알게 해줍니다. 나의 의식을 10배, 아니 100배로 확장시켜줍니다.

그래서 여행을 많이 해본 사람과, 그렇지 않은 사람은 세상을 이해하는 데 차이가 있습니다. 그러므로 할 수만 있다면 여행을 많이 하세요. '젊어 고생은 사서도 한다'는 말도 다 그런 뜻입니다. 많은 것을 보고, 많은 것을 체험한 사람은 그만큼 남보다 많은 자산을 갖고 있는 셈이고, 또 그만큼 경쟁력을 가질 수 있습니다.

하지만 무조건 이곳저곳 많이 놀러다니는 것이 다 여행은 아닙니다. 어떤 여행을 하느냐가 중요합니다. 관광지나 유흥지를 친구들과 우르르 몰려다니는 것은 진정한 여행이 아닙니다. 동네 뒷산을 오르더라도 가슴을 열고 그 산과 호흡하고, 새로운 것들을 바라볼 수 있어야 그것이 진정한 여행입니다. 햇살에 반짝이는 나뭇잎의 환희, 바람에 잦아드는 갈대숲의 아우성, 나보다 앞서 간 이의 흐린 발자국, 어제보다 한 뼘은 더 높아진 것 같은 나무들의 키, 누군가 흔들고 간 나무의 잔허리, 코끝을 간질이는 알싸한 꽃내음…. 그것들을 보고, 느끼고, 생각할 수 있어야 합니다.

또한 여행은 반드시 어디론가 떠나는 것만을 의미하는 것은 아닙니다. 새로운 친구를 만나는 것, 경험해보지 못한 일들을 해보는 것도 일종의 여행이라고 할 수 있습니다. 만남이란, 자기가 경험해보지 못한 다른 사람의 삶 속으로 걸어 들어가는 여행입니다. 진솔한 대화를 나누며 그들과 교류하는 동안 우리는 알지 못했던 다른 이들의 생각과 경험을 간접적으로 체험할 수 있습니다. 또 낯설고 힘든 일에 도전하면서 자아의 성숙은 물론, 다양한 삶의 모습을 체험할 수 있습니다.

우리는 지구별 여행자입니다. 기왕 지구라는 곳에 왔으면 많이 보고 많이 느끼고 많이 경험해야겠지요. 아직은 공부나 학교생활에 치여, 혹은 부모님 슬하에 있기 때문에 여행이 마음처럼 자유롭지 못할 수도 있습니다. 그러나 걱정 마세요. 앞으로 여러분에게는 많은 시간과 기회가 있습니다. 주어진 현실에서 최선을 다해 열심히 살되, 정기적으로 자신에게 새로운 경험과 새로운 생각을 할 수 있는 시간을 선물해주세요. 그것은 어떠한 쾌락이나 물질적 선물보다 훌륭한, 여러분의 마음과 정신과 영혼을 고양시켜줄 수 있는 최고의 선물입니다.

"당신은 같은 강을 두 번 건널 수는 없습니다. 왜냐하면 그 강물은 끊임없이 흐르고 있기 때문입니다."

그리스의 철학자 헤라클리투스Heraclitus는 이렇게 말했습니다.

우리가 오늘 건너려는 강은 어제 흘렀던 그 강이 아닙니다. 모든 것은 움직이며, 머무는 것은 아무것도 없습니다. 끊임없이 변화하는 세상을 살기 위해서는 끊임없이 변화할 수 있는 유연한 생각이 필요합니다. '모든 것이 다르지만, 또한 모든 것은 다 통한다'는 입체적인 통찰력도 필요합니다. 여행은 그 생각을 키워주고 만들어주는 우리들의 마음의 출구입니다.

성패를 가르는 아침의 미학,
하루를 전략과 함께 열어라

시간을 비교하자.
이른 아침 1시간은 늦은 오후의 1시간보다 훨씬 더 중요하다.
— 로버트 슐러Robert H. Schuller, 미국의 목사

만족감을 느끼며 잠자리에 들려면
매일 아침 굳건한 결심으로 자리에서 일어나야만 한다.
— 조지 호레이스 로리머George Horace Lorimer, 미국의 언론인이자 저술가

일찍이 공자孔子는 이렇게 말했습니다.

일생의 계획은 젊은 시절에 달려 있고,

1년의 계획은 봄에 있고,

하루의 계획은 아침에 달려 있다.

젊어서 배우지 않으면 늙어서 아는 것이 없고,

봄에 밭을 갈지 않으면 가을에 바랄 것이 없으며,

아침에 일어나지 않으면 아무 한 일이 없게 된다.

두말할 것도 없이, 우리의 일생은 하루하루가 모여 만들어집니다. 그리고 그 하루는 아침을 어떻게 보내느냐에 따라 달라집니다. 그렇게 본다면 결국 우리 인생은 매일 아침을 어떻게 보내느냐에 따라 달라진다고도 할 수 있겠지요.

병법의 대가 손자孫子는 "먼저 전장에 가서 적의 습격을 기다리는 군대는 편안하다. 하지만 나중에 전장에 도착해서 싸움에 쫓기는 군대는 힘들다."고 했습니다. 즉 만반의 준비를 하면 전쟁에서 먼저 주도권을 잡을 수 있다는 말입니다.

우리 삶도 마찬가지입니다. 오늘을 소중히 보낼 수 있도록 마음가짐을 새롭게 하고, 할 일을 점검하며 하루를 시작하는 사람과, 정신없이 일어나 되는 대로 하루를 시작하는 사람은 큰 차이가 나게 마련입니다.

특히 여러분처럼 한 시간 한 시간이 배움의 연속인 학생들에겐 아침시간이야말로 '금쪽같은' 시간이라 할 수 있지요. 늦잠을 자거나 지각을 해서 헐레벌떡 하루를 시작한 날은 이상하게 온종일 집중도 안 되고 괜히 정신없게 마련입니다. 허둥거리다가 실수도 많이 하니 당연히 기분도 영 별로죠. 그렇게 하루를 망치고 나면 그 다음날은 또 진도를 따라잡지 못해 슬슬 짜증이 나고 공부 자체에 점점 흥미가 없어지지요. 공부할 시간은 똑같이 정해져 있는데, 하루하루를 그렇게 놓치다 보면 어느새 친구들과의 격차도 저만큼 벌어지게 됩니다.

한정된 시간에 열정과 에너지를 100% 쏟아 부으려면 전략적인 시간관리가 필요합니다. 똑같은 시간에 똑같은 에너지를 쏟더라도 집중도에 따라 결과는 확연히 달라지게 마련이니까요. 시간의 집중도를 높이려면, 일단 시작을 제대로 해야 합니다.

사람들은 대부분 아침을 어떻게 여느냐에 따라 하루 전체가 좌우됩니다. 신체적으로 그리고 심리적으로도 아침을 상쾌하고 기분 좋게 시작하면 하루 종일 그 상태가 유지되죠. 그러니 컨디션이 좀 좋지 않더라도 아침엔 일부러라도 활짝 웃어보세요. 간단한 스트레칭으로 신체의 기운을 워밍업시켜주는 것도 좋습니다. 또 최소한 10분 정도 여유 있게 일어나서 오늘 할 일을 점검하고 잠시 묵상을 하면서 정신과 마음을 고요하게 집중시키는 것도 필요합니다.

아침시간 5분은 밤이나 낮의 50분보다 소중합니다. 그 시간은 그날 하루의 신체 컨디션과 감정, 정신 상태를 결정하고, 열정과 생명력을 불어넣는 기도와 열망의 시간입니다. 절대로 소홀히 해서는 안 되는 결정적인 시간이죠.

그래서 저는 전날 아무리 늦게 자더라도 새벽 5시에는 꼭 일어납니다. 그리고 약 20분 정도 깊은 명상에 잠깁니다. 새날을 주신 전능하신 분께 감사하는 마음으로 새벽기도를 드리는 것입니다. 그리고 오늘 하루도 활기차고 보람 있게 보낼 수 있도록 인도

해줄 것을 기원합니다. 그리고 약 20분 정도 가벼운 체조를 합니다. 명상과 체조가 끝나면 조용히 하루의 계획을 점검하고 책을 읽거나 글을 씁니다. 하루 중 그 어느 때보다도 맑고 투명해지는 시간에 마음과 정신을 모아서 책에 집중하면 평소에는 무심히 넘어갈 수도 있는 새로운 의미를 발견하기도 하고 글도 더 잘 써지는 걸 느낄 수 있습니다. 그러다 출근시간이 되면 집을 나서는데, 그 여유롭고 활기찬 순간이 너무나도 상쾌하고 좋습니다.

저는 아침을 어떻게 여느냐에 따라서 인생의 성패가 좌우된다고 말하고 싶습니다. 결국 하루하루가 모여서 우리 삶이 되기에 하루의 시작인 아침을 상쾌하고 활기차게 여는 습관은 하루 종일 집중력과 효율성을 높일 수 있으며 강한 자신감을 가질 수 있게 합니다.

대표적인 아침형 인간으로 현대그룹의 故 정주영 회장과 빌 게이츠 회장이 있는데, 이 두 사람의 기상시간은 새벽 3시라고 합니다. 제너럴 일렉트릭 사의 잭 웰치 전 회장 역시 아침 7시 30분에 업무를 시작하는 것으로 유명하죠. 그만큼 아침을 어떻게 여느냐는 우리 삶의 성패에 큰 영향을 준다고 하겠습니다. 그렇다고 각자의 생체리듬을 고려하지 않고 무조건 일찍 일어나기만 하면 된다는 것은 아닙니다. 억지로 일어나서 비몽사몽간에 집중도 안 되는 상태로 명상을 한다거나 책에 코를 박고 졸고 있다면, 일찍 일어날 이유가 없겠죠. 그런 친구들은 점진적으로 기상습관을 개선해나갈 필요가 있습니다. 옛말에 '일찍 일어나는 새가 먹이를 얻는다'고 했습니다. 이 말처럼 아침을 어떻게 열고 하루를 어떻게 마무리하느냐는 성취를 이루는 데 있어 반드시 갖추어야 할 결정적인 요소입니다.

제가 삼성전자 남부지사장으로 취임했을 때, 빠지지 않고 했던 것이 매주 한 번씩 점장과 대리점 사장들을 한자리에 모이게 한 '조찬포럼'이라는 것이었습니다. 일단 칭찬과 격려로 시작한 후, 각 매장의 우수사례와 실패사례를 공유합니다. 그리고 거창한 것이 아니라 아주 작은 목표, 예를 들어 '이번 주에는 각 점포별로 단골고객을 10명만 더 만들자'와 같은 목표를 정한 후 다음 주에 그 목표를 달성하기 위해 어떤 활동을 했는지와 달성여부를 가지고 다시 토의해봅니다. 지난 한 주를 다시 돌이켜보고 반성하며 성과를 공유하는 식으로 조찬포럼을 진행해나갔습니다. 거창한 주제를 놓고 모인 것은 아니었지만, 오히려 작은 실천과 소소한 반성들이 모여 혁신의 단초가 되었다고 생각합니다.

아울러 이 조찬포럼에서 공유된 내용은 각 매장에서 아침을 여는 '굿모닝 쇼'를 통해 하나의 일관된 철학이자 방침으로 확대되었습니다.

여기서 '굿모닝 쇼' 얘기를 빼놓고 넘어갈 수가 없겠네요. '굿모닝 쇼'가 뭔지 궁금하지 않나요? 왠지 어감도 경쾌하고 신나는 이 '굿모닝 쇼'는 일종의 '아침조회'라고 생각하면 쉽게 이해가 갈 것입니다. 여러분은 전교생이 모이는 '월요조회'나 담임선생님이 매일 아침 전달사항을 말씀해주시는 '아침조회'가 귀찮기만 한가요? 사실 '아침조회'라는 것은 계획을 세우고 공표하는 가장 작은 단위의 활동이라고 할 수 있습니다.

계획이 체계적이면 성과도 체계적입니다. 조직의 커다란 비전과 목표를 향해 가는 길에 계획이라는 것은 필수사항이죠. 그런 크고 작은 계획들 중에서 가장 작지만 기본적인 계획들을 공유하는 것이 바로 '아침조회'입니다. 여러분은 아직 잘 모르겠지만, 여러 사람이 모인 회사나 각종 단체에서는 대부분 조회를 합니다.

굿모닝 쇼는 단순한 업무지시나 공유를 넘어, 전사적인 의욕과 열정을 끌어내고 사기를 충천하게 만드는 모닝 리추얼(Morning Ritual, 아침의식)입니다. 그래서 잘되는 조직일수록 짧고 압축적인 메시지를 명쾌하게 전달하는 조회로 하루를 신나게 시작합니다. 하루의 시작이 얼마나 중요한지 앞에서도 누누이 얘기했지만, 한 사람의 개인이 아니라 조직에서도 아침을 얼마나 활기차게 여는지는 참 중요한 일입니다. 여러분도 똑같은 경험이 있을지 모르겠습니다. 아침조회 시간부터 선생님께 꾸중 듣고 혼난 날은 하루 종일 반 전체 분위기가 축 늘어져 있거나 의기소침해지곤 하지 않나요?

귀중한 하루를 아무 생각 없이 대충 시작하지 마십시오. 하루 중 가장 집중도가 높은 금쪽같은 아침시간을 의미 없이 낭비하거나 쓸데없이 진을 빼서도 안 됩니다. 아침시간을 전략적으로 사용하는 사람에게만 '흔들림 없는 성과'라는 보상이 뒤따를 것입니다. 사이쇼 히로시稅所弘는 《아침형 인간 성공기》에서 아침에 일찍 일어나서 여유롭게 하루를 열면 다음과 같은 8가지의 효과가 나타난다고 이야기하고 있습니다.

첫째, 업무의 집중도를 높여서 성과를 현저히 올릴 수 있다.

둘째, 변화무쌍하고 불확실한 현실 속에서도 흔들림 없이 준비할 수 있다.

셋째, 맑은 정신 속에서 끊임없이 기회를 만들어낼 수 있다.

넷째, 건강하고 도전적인 자아상(self-image)을 만들 수 있다.

다섯째, 자신에 대한 자부심과 자긍심이라는 보이지 않는 자산을 쌓을 수 있다.

여섯째, '할 수 있다'는 굳건한 신념을 쌓을 수 있다.

일곱째, 건강해질 수 있다.

여덟째, 위기를 오히려 즐길 수 있다.

전적으로 공감이 갑니다. 저 또한 아침 일찍 일어나 활동함으로써 얻는 이점이 매우 많다는 것을 직접 체험을 통해서 잘 알고 있으니까요. 여러분의 아침은 어떤가요? 늘 '5분만 더…, 3분만 더…' 하면서 힘들게 일어나서 아침도 못 먹고 헐레벌떡 학교에 달려가기 바쁜가요? '일찍 일어나라'는 얘기가 또 그렇고 그런 잔소리로 들릴지도 모르겠지만, 이번 기회에 정말 진지하게 한번 생각해보기 바랍니다. 전날 밤에 TV 보느라, 혹은 게임 하느라 너무 늦게 자서 아침에 일어나기가 그렇게 힘든 건 아닌지 말이에요. 조금만 일찍 일어나서 여유 있게 아침을 시작하는 것만으로도 여러분의 일상에 얼마나 많은 기적 같은 변화가 일어날지 여러분도 저처럼 꼭 한번 체험해보았으면 좋겠습니다.

잘하는 사람을 무작정
따라 하는 것도 탁월한 전략이다

화창한 토요일 오후, 한 소년이 아빠와 함께 오랜만에 정원을 손질하고 있었습니다. 잔디를 깎고 잡초를 뽑고, 정원수도 다듬고 꽃에 물도 주었지요. 때마침 바람이 신선하게 불어 일하기에도 그리 덥지 않았습니다.

소년과 함께 잔디밭 여기저기에 삐죽하게 자라난 잡초를 뽑고 있던 아빠는 잔디밭 한가운데 커다란 돌이 놓여 있는 것을 보고, 소년에게 돌을 파내서 잔디밭 밖으로 굴려 보내라고 말했습니다.

소년은 있는 힘껏 돌을 뽑아 굴리려고 했지만 커다란 돌은 꿈쩍도 하지 않았죠. 한참 동안 끙끙대던 소년은 결국 두 손을 들고 말았습니다.

"아빠, 못하겠어요. 도저히 이 돌을 움직일 수가 없어요."

그러자 아빠는 소년에게 부드럽고 다정한 목소리로 말했습니다.

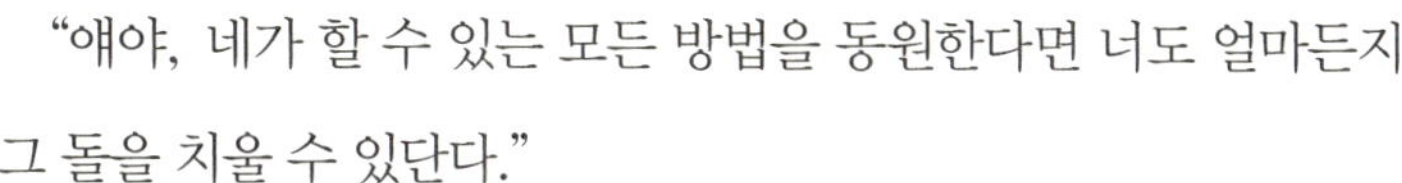

"얘야, 네가 할 수 있는 모든 방법을 동원한다면 너도 얼마든지 그 돌을 치울 수 있단다."

소년은 다시 기운을 내서 돌을 움직여보려고 안간힘을 썼지만 역시 아무 소용이 없었죠. 마침내 소년이 눈물을 글썽이며 울먹이자 아빠는 소년의 등을 토닥거리며 이렇게 말했습니다.

"아들아, 나는 네가 돌을 움직여보려고 애쓰는 모습을 가만히 지켜보았단다. 하지만 너는 한 가지 사실을 잊고 있더구나."

소년의 두 눈이 동그래졌습니다. 아빠는 미소를 지으며 다시 말했지요.

"너는 네 옆에 내가 이렇게 서 있다는 것을 잊고 있더구나. 나는 언제든지 너를 도와줄 준비가 되어 있는데, 나에게 도움을 구할 생각조차 하지 않더구나."

소년은 금방 눈을 반짝이며 아빠에게 도와달라고 부탁했습니다. 아빠와 힘을 합쳐 큰 돌을 잔디밭 밖으로 밀쳐낸 소년은 기뻐하며 외쳤습니다.

"아빠, 드디어 우리가 해냈어요!"

사람은 배우면서 성장하는 존재입니다.

혼자 끙끙거리며 고민하지 말고 도움을 청하세요.

진지하게 고민을 들어주고, 자신의 경험을 이야기해주고,

여러분이 올바른 선택을 할 수 있도록 도와줄 것입니다.

일이나 공부를 하다 보면 갑자기 막막해지는 순간이 있습니다. 더 이상 실력이 느는 것 같지도 않고, 아이디어도 잘 떠오르지 않는 순간이 오는 것입니다. 남들은 막 앞서가는 것 같은데 자신만 제자리걸음을 하고 있거나 뒤처지고 있는 것 같아 불안하고 답답한 기분이 들기도 하지요. 누구에게나 그런 순간은 찾아옵니다. 그때는 망설이지 말고 당신을 이끌어줄 멘토Mentor를 찾아보세요. 멘토란 인생을 이끌어주는 스승, 혹은 지도자라고 할 수 있습니다.

'멘토'라는 말은 그리스 신화에서 비롯되었습니다. 고대 그리스의 이타이카 왕국의 왕인 오디세우스가 트로이 전쟁을 떠나며, 자신의 아들인 텔레마코스를 보살펴달라고 한 친구에게 맡겼는데, 그 친구의 이름이 바로 멘토였죠. 그는 오디세우스가 전쟁에서 돌아올 때까지 텔레마코스의 친구이자 선생님, 상담자, 때로는 아버지가 되어 그를 잘 돌봐주었습니다. 그 후로 멘토라는 그의 이름은 지혜와 신뢰로 한 사람의 인생을 이끌어주는 지도자라는 의미로 사용되었죠. 멘토가 스승이라면, 멘토의 돌봄을 받는 쪽은 멘티Mentee라고 부릅니다. 그리고 멘토가 멘티를 이끌어주는 활동을 '멘토링'이라고 하죠.

멘토링 활동은 기업에서도 활발히 사용되고 있습니다. 업무에 대한 풍부한 경험과 전문 지식을 갖고 있는 선배(혹은 상사)가 후배(혹은 부하직원)인 멘티를 이끌어주고 키워주는 활동이죠.

제가 여기서 말하고 싶은 멘토-멘티 관계는 단순히 지식을 전수해준다거나 일하는 방법을 알려주는 선후배 관계가 아닙니다. 물론 그런 활동도 중요하지만 과연 자신의 인생에 진정한 멘토가 누구인가를 생각해보자는 것입니다. 언제든지 사심 없이 조언해줄 수 있는 정신적인 스승이 있느냐 없느냐는, 한 사람의 인생에 엄청난 영향을 줍니다.

멘토가 반드시 '정신적 지주'여야 한다거나 뭔가 거창하고 위대한 사람이어야 할 필요는 없습니다. 멘토는 학교선배일 수도 있고 형이나 누나일 수도 있습니다. 여러분을 성심껏 도와주고 진지하게 고민을 들어주는 사람, 자신의 경험을 이야기해주고 올바른 선택을 할 수 있도록 도와주는 사람이 바로 멘토입니다. 여러분이 똑같은 실수를 반복하거나 잘못된 선택을 하지 않도록 도와주는 스승이자 가이드라고 할 수 있죠. 먼저 경험해본 사람의 조언만큼 현실적이고 확실한 게 또 있을까요? 그런 분의 도움을 받는다면 더욱 빠른 성공과 성취를 얻을 수 있는 건 당연한 일이겠죠.

여러분이 배워야 할 상대, 따라 하고 싶은 역할모델(Role Model)을 정해보는 것도 좋습니다. 역할모델은 비단 선배나 윗사람일 필요는 없습니다. 친구든 후배든 보고 배울 게 있는 사람이라면 주저 없이 찾아가 도움을 청하세요. 도와달라고 하기가 좀 어렵다면 그를 유심히 관찰해보고 따라 해보기라도 하십시오.

사람은 배우면서 성장하는 존재입니다. 아무리 위대한 예술가
라 해도 처음에는 자신보다 앞서 간 선배 예술가들의 작품을 읽고
보고 듣고 자랐습니다. 그리고 그들의 작품을 베껴 쓰고, 흉내 내
고, 따라 하면서 점차 자신만의 차별화된 영역을 개척해낸 것이
죠. 아무리 위대한 인물들도 처음에는 제로(0)에서 출발했다는
걸 잊지 마세요. 배움을 청하고 도움을 청하는 것, 그걸 부끄러워
하는 사람이 세상에서 제일 바보입니다.

경영자로서 일을 시키다 보면, 분명 조언을 구해야 할 시기인
데도 혼자서만 그것을 해결하려는 사람들을 간혹 봅니다. 좋게
말하면 주도적이고 독립적이며 책임감이 강하다고 볼 수도 있겠
습니다. 그러나 진정한 책임감은 자신이 얻을 수 있는 모든 정당
한 수단과 방법을 총동원해서 최선의 방법을 도출해내고, 그것으
로 최고의 결과를 만들어내는 것 아닐까요? 굴러가는 돌멩이에
게서조차 배울 게 있다고 했습니다. 지금 여러분이 골머리를 썩
이며 몇 날 며칠 끙끙대고 있는 문제가 누군가의 간단한 힌트 하
나로 너무도 손쉽게 해결될 수도 있습니다. 주위의 조언을 구하
면 쉽게 끝날 일을, 괜히 자존심 때문에 혹은 창피하다는 이유로
혼자 괴로워한다면 너무나 어리석은 일 아닐까요?

설령 문제해결이 어렵더라도 많은 사람들을 자신의 일에 동참
시키는 것은(상대가 귀찮아하거나 배척하지만 않는다면) 여러 가지

이점이 있습니다. 사람들은 조금이라도 자기가 관여한 일에 대해서는 일단 더 관심을 갖게 마련이고 우호적으로 대하게 마련이거든요. 그러면 사람들에게서 훨씬 더 많은 지원을 얻어낼 수 있음은 물론이고, 만약 결과가 좋지 않을 경우에도 심리적으로나마 동반책임을 질 수밖에 없습니다. 그만큼 혼자 감당해야 할 위험부담이 줄어드는 거죠. 게다가 대부분의 사람들은 자신에게 무언가를 물어보는 사람에게 호감을 갖는다고 합니다. 인간은 자신이 누군가에게 힘이 되어준다는 사실을 뿌듯해할 뿐만 아니라 상대가 자신을 믿어주었다는 사실에 오히려 고마움을 느낀다는 거죠. 이 정도면 일석이조가 아니라 일석사조는 되지 않겠습니까?

어리석은 사람일수록 독단적으로 그 일을 해내려 하고, 누군가의 의견을 듣거나 도움을 청하는 것을 부끄러워합니다. 배움에는 학벌도 나이도 계급도, 그 어떤 제약도 없어야 한답니다.

잘하는 사람을 따라 하는 것만으로도 절반은 성공

제가 삼성전자에 신입사원으로 들어간 지 1년차가 되었을 때 일입니다. 동기들은 모두 마케팅 전사교육에 참석하게 되었는데 저는 몇몇 임원들과 호텔방에 들어가 교육도 못 받고 집에도 못 가면서 며칠간 경영전략을 수립하는 데 참여해야 했던 적이 있었습니다. 맡겨진 일은 서기 역할이었죠. 임원들이 토의를 하면서

칠판에 몇 줄 휘갈겨 쓰면 그것을 깨끗이 정리하여 회의록을 작성하고 정서하는 일이었습니다.

처음에 그 일이 주어졌을 때만 해도 '내가 왜 교육도 못 받고 이런 일이나 하고 있어야 되지?' 하는 생각이 들었습니다. 그러나 몇 시간이 채 지나지 않아 이것이 제게 얼마나 큰 행운이자 기회인지 깨달았습니다. 언감생심 신입사원으로서는 꿈도 못 꿀 찬란한 별들의 노하우와 생각을 직접 전해들을 수 있었기 때문이죠. 나무는커녕 나뭇가지 하나 만져보지도 못한 신입사원이었던 제게 경영이라는 커다란 '숲'을 보여주고 그 속에서 호흡하게 해준 그 시간…. 물론 그때는 경험이 부족해서 그 분들의 말을 전부 다 이해하지는 못했지만 그동안 전혀 모르고 있었던 경영 전반에 대해 생각해볼 수 있는 천재일우의 기회였습니다. 그리고 임원들의 고민과 숙제가 어디쯤에 있는지, 이런 어려운 일을 어떻게 해결하는지를 간접적으로나마 체험할 수 있었던 것입니다. 비록 하찮은 서기 역할이었지만, 훗날 일을 해나가면서 그때 들었던 그 귀동냥과 '받아쓰기' 학습이 얼마나 많은 도움이 되었는지 문득문득 절감하곤 합니다.

삼성전자 국내 사업부에서는 각 유통점을 이어받을 2세 경영자들을 우수 유통점에 보내 판매사원으로 일하게 합니다. 아무리 명문대를 졸업한 수재라도 고객관리와 판촉관리, 매장접객 등은 현장에서 직접 배우지 않고서는 제대로 이해할 수가 없기 때문입니다(게다가 그 기간에는 급여의 일부만 받는 계약직 대우를 받습니다). 그들을 가장 확실하게 트레이닝시킬 수 있는 방법이 바로 '따라 하기'입니다. 이렇게 몸으로 직접 체득한 후 선대가 운영하던 매장을 인수받아서 경영하면 거의 빈틈이 생겨나지 않습니다.

태권도를 해본 사람은 알겠지만, 태권도를 처음 배울 때도 사범님의 '시범'이 있습니다. 시범동작을 따라 하다 보면 자연스럽게 익숙해지는 거죠. 성공의 맥을 찾아가는 본능적인 후각은 바로 이러한 '따라 하기'를 통해 더욱 강력한 '몸의 습관'으로 체득됩니다. 여러분도 마찬가지일 겁니다. 무언가를 배우거나 학교에서 공부할 때도 마찬가지죠. 역할모델을 정해두고 그를 자세히 관찰하고 따라 해보는 것만으로도 금세 실력이 느는 걸 알 수 있을 겁니다. 혼자 끙끙대는 것보다 훨씬 효율적이죠.

요즘엔 신입사원을 채용하여 6개월 정도는 가르치기만 합니다. 이론적인 것뿐 아니라 실습을 통해서 직접 체험할 수 있는 기회를 충분히 주기 위해서입니다. 잘하는 사람을 따라 하는 것만으로 성공의 절반은 보장받은 것이나 다름없으니까요. 2위 업체가 무조건 1위 업체를 따라 하는 '후발의 법칙(law of followship)'이라는 경영학 용어도 있습니다. 검증된 1위 전략을 우선적으로 따라 하다 보면 그 속에서 자신만의 노하우도 만들어낼 수 있다는 얘기죠.

하지만 무작정 따라 한다고 모두가 성공하는 것은 아닙니다.

똑같이 현장견학을 하거나 현장실습을 마치고 나도, 어떤 사람은 거기서 보고 배운 것을 가지고 큰 성공을 만들어내고, 또 어떤 사람은 시간만 낭비했지 아무것도 배우지 못하는 경우가 비일비재합니다. 왜 그런 일이 벌어질까요? 따라 하기에도 나름대로 전략이 필요하기 때문입니다. 다음과 같은 몇 가지 주안점을 살펴봅시다.

• 겉모양만 흉내 내려면 안 하느니만 못합니다.

수박 겉핥기식으로 남을 흉내 낸다면 오히려 손실만 클 뿐입니다. 일단 벤치마킹 대상이 선정되었다면 그것을 전적으로 수용하는 마음가짐이 중요합니다. 따라 하는 데도 고정관념이나 편견이 작용해서 어떤 것은 수용하고 어떤 것은 수용하지 않는다면 제대로 된 모방이 될 수 없기 때문이죠. 일단 모든 것을 배우고 흡수하겠다는 생각으로 마음을 열고 다다가세요. 그러기 위해서는 보고 배워야 할 대상이 왜 이런 계획을 세우고 왜 이렇게 추진하고 있는지, 그의 본뜻을 우선적으로 이해하고 읽어야 합니다.

중국 북송대 최고의 화가로 '서화학書畵學 박사'라 불리었던 '미불米芾'에 관한 일화를 하나 들려드리겠습니다. 미불은 역대 명화를 똑같이 베껴 그리기, 즉 모작模作하는 것이 취미였는데, 특히 소장가들이 자신의 소장 작품을 얼마나 제대로 알고 있는지를 시험해보는 것을 큰 재미로 생각했습니다. 그는 소장품을 잠깐 빌린다는 구실로 가져와서는 이를 그대로 베낀 다음 돌려줄 때는 원화 대신 자신이 그린 모작을 돌려주곤 했습니다. 그런데 대부분의 소장가들이 미불의 모작에 깜빡 속아 넘어갔고 이렇게 해서 슬쩍 챙긴 작품이 1,000여 점에 이르렀다 합니다.

그런데 이러한 천하의 미불도 8세기 화가 '대숭戴嵩'의 그림 앞에서는 두 손을 들고 말았답니다. 어느 날 미불은 소 그림으로는 따를 자가 없다 하여 '화우대사'로 칭송받던 대숭의 그림 하나를 빌려 하룻밤 사이에 이를 베꼈습니다. 늘 하던 대로 그림 주인에게는 모작을 돌려주었는데, 그림 주인은 반나절도 채 안 돼 미불의 집에 들이닥쳐서는 미불에게 그림을 훔쳐간 사기꾼이라며 원본 그림을 내놓으라고 소동을 피우는 것이었습니다. 마지못해 원화를 내주며 미불은 그에게 어떻게 알아챘느냐고 물었습니다. 그러자 그는 이렇게 답했습니다.

"원래 그림과 소 눈동자가 다르오. 소 눈동자를 보시오. 눈동자 속에 소를 끌고 가는 목동이 있지 않소?"

그 말에 탄식하며 찬찬히 대숭의 그림을 들여다보던 미불은 한 번 더 경악하고 말았습니다.

"아니, 목동의 눈 속에도 소가 있네…."

누군가를 따라할 때 그 형상은 모방해도 그 본질에는 다다르지 못하는 경우가 많습니다. 모방을 통해서 무언가를 배우고자 한다면 진정한 본질을 먼저 이해해야 할 것입니다.

174

• 쑥스러워 할 필요가 없습니다.

남의 눈치를 보거나 쑥스럽다는 생각 같은 것은 과감히 버려야 합니다. 새로운 것에 도전한다는 것은 익숙한 것과 결별하는 것을 의미하니까요. 익숙하고 편안하던 방식을 버리고 새로운 방법을 배우는 게 물론 쉬운 일은 아닙니다. 실수할까봐 걱정되기도 하고 창피를 당할까봐 망설여지는 게 사실이죠. 하지만 처음엔 누구나 다 그런 겁니다. 어느 누가 태어날 때부터 전교 1등이고 세계적인 첼리스트였겠습니까? 부끄러움과 쑥스러움을 버리고 차근차근 배웠으니까 결국 그렇게 된 거죠. 창피하다고 시도조차 안 하는 사람이 최고 바보라는 사실을 다시 생각해보세요. 5년 뒤, 혹은 10년 뒤에 누가 더 멋진 사람이 되어 있을지 말입니다. 하루에 한 가지 이상 배운다는 자세로 자기만의 '배움노트'를 만들어서 선생님이나 선배, 친구들이 이야기하는 것 중 배울 만한 내용이 있으면 즉시 메모하여 내 것으로 만들어보세요. 성공한 사람들의 대부분이 메모광, 메모의 달인이었다는 사실, 잘 알고 있지요?

• 최고의 상대를 찾아 벤치마킹하세요.

지혜로운 사람은 잘하는 사람을 따라 하고, 어리석은 사람은 삐딱한 사람을 따라 합니다. 자신이 정한 상대가 정말 바람직한 대상인지, 나아가 최고의 대상인지를 숙고할 필요가 있습니다. 물론 이 세상에 완벽한 사람은 없습니다. 옥석을 제대로 가려낼 수만 있다면 그들로부터 장점만을 찾아서 따라 하면 금상첨화일 것입니다. 그러나 여러분과 같은 청소년이나 대학을 갓 졸업한 사회 초년생 중에는 자칫 엉뚱한 사람을 따라 하는 실수를 저지르는 경우도 있습니다. 알맹이도 없이 남들 앞에서 큰소리치고 허풍 떠는 사람들이 얼핏 멋져 보일 수도 있죠. 그런 사람들일수록 주위 사람들에게 선심을 잘 쓰고 자신이 꽤 능력 있고 대단한 사람인 척하기 때문에 오해할 수도 있습니다. 그런 사람들 말만 믿고 따르다가 낭패를 당하는 경우도 종종 보아왔습니다. 근주자적近朱者赤, 근묵자흑近墨者黑이라는 말 들어보았죠? 즉 빨간 것과 가까이하면 빨개지고 검은 것과 가까이 있으면 자신도 검어진다는 겁니다. 과연 벤치마킹 하려고 마음속으로 정한 대상이(선배이든, 친구이든) 여러 모로 성실한 사람인지, 배울 만한 대상인지 진지하게 검토해야 할 것입니다.

도움을 청하고, 배우십시오! 잘하는 사람을 따라 하다 보면 자기도 모르는 사이에 선두그룹에 합류해 있음을 발견하게 될 것입니다.

PART 05

실행의 습관,
쪼개고 분석하고 구조화한다

누가 보든 안 보든 보이지 않는 곳까지 집요하게 챙기고 실행하는 사람,
그리고 누가 알아주든지 말든지 스스로 움직이는 사람, 생각에만 머물지 않고
즉각 실행에 옮기는 사람, 즉 '동사형 인간'이 되십시오. 실패의 가장 큰 이유는,
성공하고 싶은 '마음'만 굴뚝같고 정작 그것을 실행할
'몸'은 전혀 움직이지 않는 데 있습니다.

목표를 향해 움직이는
동사형 인간으로 변신하라

다리를 움직이지 않고는 아무리 좁은 도랑도 건널 수 없다.
— 알랭Alain de Lille, 프랑스의 시인이자 신학자

실행이 곧 전부다. 이것이 나의 지론이다.
아이디어가 전체 업무에서 차지하는 비중은 5%에 불과하다.
아이디어의 좋고 나쁨은 어떻게 실행하느냐에 따라 결정된다고 해도 과언이 아니다.
— 카를로스 곤Carlos Ghosn, 닛산 자동차 사장

미켈란젤로가 시스티나 성당의 천장벽화를 그릴 때의 일입니다. 벽화는 크기가 183㎡나 되는 대작이었죠. 하루는 그가 사다리 위에 올라가서 천장 구석에 아주 조그만 인물들을 하나하나 꼼꼼히 그려 넣고 있었습니다. 한 친구가 그 모습을 보고 이렇게 물었습니다.

"이보게, 그렇게 구석진 곳에 잘 보이지도 않는 걸 그려 넣으려고 그 고생을 한단 말인가? 그래봤자 누가 알겠는가?"

미켈란젤로가 대답했습니다.

"내가 알지."

이렇게 해서 탄생한 것이 그 위대한 시스티나 성당 천장벽화랍니다. 만일 미켈란젤로가 잘 보이는 큼직한 인물들만 공들여 그리고, 저 구석진 곳의 인물들은 대충대충 그려 넣었다면 과연 그 작품이 그렇게 위대한 작품이 될 수 있었을까요? 비록 사람들 눈에는 안 띄었을지 몰라도 그 구석의 조그마한 인물들이 모두 합쳐져 완성되었을 때, 분명 어딘지 모르게 달라 보였겠지요.

그렇습니다. 지금 우리가 하는 아주 사소하고 간단한 일들이 모여 우리의 인생 전체를 만듭니다. 미켈란젤로처럼 누가 보든 안 보든 구석구석까지 집요하게 챙기고 실행하는 사람, 그리고 누가 알아주든지 알아주지 않든지 스스로 움직이는 사람, 생각에만 머물지 않고 즉각 실행에 옮기는 사람, 그런 사람을 저는 '동사형 인간'이라고 부릅니다.

우리가 실패에 빠지는 가장 큰 이유는, 성공하고 싶은 '마음'만 굴뚝같고 정작 그것을 실행할 '몸'은 전혀 움직이지 않는 데 있습니다. 쉬운 말로 '구슬이 서 말이라도 꿰어야 보배'라고 했죠. 아무리 많은 전략과 아이디어가 있다고 해도 그것을 즉각적으로, 그리고 저 밑바닥까지 깊이 들어가서 구체적으로 실행하지 않으면 '공염불'이 되고 맙니다.

좋은 대학에 들어가고 싶은데, 오늘은 친구들과 놀고 싶습니다. 내일이라고 달라질 리 있을까요? '○○대학 합격'이라는 '명사형 목표'만 세워두고 실제로는 꿈을 향해 움직이지 않는 거죠. '탁월한 성공'을 논하면서도 자세히 들여다보면 자신을 합리화하기 위한 변명거리, 핑계거리만 줄줄이 나열하고 몸은 한 발짝도 움직이려 하지 않습니다. '한다'는 실행이 뒤따르지 않는 약속, 혹은 '했다'는 검증이 이루어지지 않은 수많은 명사들과 미사여구들이 우리에게는 얼마나 많은가요?

여러분의 몸과 마음이 최고의 성과를 내도록 만들려면 추상적인 슬로건이 아니라 오늘 1분 1초를 소중히 아껴 쓰고, 아주 사소하고 간단한 일이라도 곧바로 실행에 옮기는 자세가 필요합니다. 아무리 완벽하고 거창한 계획을 세워놓아도 '오늘은 말고 내일부터…'라고 생각하는 한 그 '내일'은 영원히 오지 않을 테니까요.

그렇다고 목적도 체계도 없이 공연히 분주하기만 해서는 안 됩니다. 진정한 성과와는 거리가 먼 일에 매달리느라 밤을 새고, 쓸데없이 우르르 몰려다니고, 자신이 무슨 일을 하는지도 모르는 채 머리를 쓰고 팔다리를 움직이는 것은 진정한 '동사형 행동(action)'이 아닙니다. 제가 말하는 '동사형'이란, 자신이 지금 하고 있는 이 일의 목적지가 어디이며 그 목적지에 도달하기 위해 어떻게 해야 하는지를 뚜렷하게 인식한 상태에서 이루어집니다. 가장 구체적이고 효율적인 방법으로, 또렷하게 세워진 목표를 향해 치열하게 달려가는 것을 말하는 것입니다. 그렇다면 어떻게 하는 것이 참다운 동사형 행동일까요?

- 모든 계획을 측정 가능한 '동사형'으로 표현해야 합니다.

'최선을 다하자'라거나 '형설지공螢雪之功', '진인사대천명盡人事待天命' 같은 추상적인 슬로건은 버리세요. 뜻은 좋지만 결과에 대한 명확한 기준이 없기 때문에 자신이 얼마나 잘 실천하고 있는지 알 수가 없습니다. 그보다는 '하루에 영어문장 10개 외우기', '하루 5시간 수면, 30분 운동', '한 달 안에 수학성적 10% 향상' 등과 같이 구체적이고 측정 가능한 표현으로 바꾸어봅니다.

- 통째로 된 계획을 '동사'로 잘게 쪼개세요.

'잘하자', '노력하자'와 같은 선언만으로는 안 됩니다. 반드시 무엇을, 어떻게 해서, 어떤 결과를 얻을 것인지 구체적인 목적과 방향, 방법이 나와야 합니다. 학업에 관련된 목표든 특별활동에 관한 것이든 모든 목표달성에는 항상 이 원칙이 기본입니다. 계획을 수립할 때 최대한 상세하게 나눠서 생각해보는 겁니다. 즉, 통째로 된 계획을 상세히 쪼개세요.

만약 올해 목표가 영어 90점이라고 하면, 독해, 듣기, 말하기, 쓰기에서 각각 몇 점씩 받아야 하는지 각각의 목표를 세부적으로 쪼개서 설정해야 합니다. 또한 그 세부적인 계획을 달성하기 위해서는 어떤 교재를 보고 어느 학원에 다니면서 도움을 받아야 하는지, 즉 공부방법을 구체적으로 어떻게 차별화할 것인지 생각해봐야겠죠. 또한 그것을 하루하루 실행에 옮기려면 어떻게 해야 할 것인지도 진지하게 고민해야만 합니다. 그래야 허공에 뜬 계획이 아니라 곧바로 실행에 옮길 수 있는 계획이 되죠.

나아가 연간목표를 다시 월간목표, 주간목표, 일일목표로까지 세분화하고 달성해야 할 계획을 가능한 한 수치화하여 명시해놓아야 합니다. 사실 개인의 특성에 따라 그것이 시나리오에 불과한 경우도 있습니다. 하지만 불가사의한 것은 그렇게 목표를 잘게 쪼개서 명시해놓으면 하루하루 그 목표를 맞추기 위해 최선을 다하게 되고 결국 목표했던 것과 가까운 결과치가 나온다는 사실입니다.

이때 일일목표나 지침, 전략방향도 모두 실천 가능하고 측정 가능한 형태로 구성해야 합니다. 영어공부를 예로 들자면, '매주 월요일과 화요일에는 듣기연습을 2시간씩 한다', '매주 수요일과 목요일에는 영어문장을 20개씩 암기하고 영작에 응용한다', '매주 금요일에는 외국인과 직접 만나서 1시간 이상 말하기 연습을 한다' 등과 같이 구체적인 행동계획을 세워야 합니다.

이처럼 철저한 계획수립과 구체적인 실천지침은 우리를 일사불란하게 행동하도록 변화시킵니다. 모호한 목표만 공허하게 외치는 게 아니라, 구체적이고 실제적인 성과를 만들어내는 연습을 할 수 있게 하고, 무슨 일이든 역동적으로 움직이는 습관을 만들어주는 것입니다.

• '성과'라는 나침반을 새로운 전략지도로 삼으세요.

실행을 했다면 평가가 뒤따라야 합니다. 그래서 실행계획을 세운 다음에는 반드시 평가계획도 세워야 하죠. 즉 어느 시점에서 어떤 기준으로 그 계획을 평가할 것인지에 대해 미리 규정해두는 것입니다. 그래야 처음에 세운 목표가 너무 과도하거나 모자라지는 않았는지, 실행방법에 문제는 없었는지를 다시 한 번 점검해볼 수 있습니다. 월별로 혹은 분기별로 자신의 목표달성 정도를 체크하고, 어느 시점을 정해서 다시 한 번 다음번 목표를 점검하고 개선사항을 체크해본 후 반영하는 게 좋습니다. 만약 자신이 계획한 바를 충실히 달성했다면 스스로에게 특별한 상을 주세요. 선물도 좋지만, 침대 머리맡에 예쁜 별을 하나씩 달아나간다든가, 스스로를 칭찬하는 글을 한 문장씩 적어보는 것도 아주 좋은 방법입니다.

'동사화'는 어느 날 갑자기 '짠!' 하고 저절로 생겨나거나 만들어지는 것이 아닙니다. 늘 동사형으로 생각하고 동사형으로 실행해야만 생겨나는 습관입니다. 경영학의 대가 톰 피터스Tom Peters는 탁월한 발상가의 사고 메커니즘을 설명하면서 "명사가 아닌 동사로 생각하는 사고방식이야말로 '물건'이 아닌 '경험'을 디자인하기 위한 핵심이다. 우리는 물건을 보지 않는다. 그보다는 인간을, 그리고 좋든 나쁘든 그들이 겪는 모든 경험을 관찰한다."라고 말한 바 있습니다.

위대한 비전, '목표달성'이라는 성취를 이루어내기 위해서는 일관성을 가지고 끈기 있게 자신의 철학을 지켜나가야 합니다. 그러기 위해서는 부모님이나 형제, 주변의 흔들림 없는 응원과 지지도 필요합니다. 그러므로 자신이 수립한 목표와 계획을 가족들에게도 공표하는 게 좋습니다. 혼자만 알고 진행하면 게을러지기 쉽지만, 누군가 주변에서 응원해주고 지켜보고 있다고 생각하면 조금 더 자신을 추스르게 되기 때문이죠. 또 평가를 할 때도 가족들의 피드백을 얻으면 많은 도움이 됩니다. 칭찬과 격려를 받으면 더 큰 용기를 얻을 수도 있지요.

일본에서 세일즈의 신이라고 불리는 하라이치 헤이原一平가 은퇴 후 기자회견을 가졌습니다. 한 기자가 세일즈를 잘하는 비결을 묻자 그는 이렇게 대답했습니다.

"저는 그저 남보다 많이 걷고 뛰었을 뿐입니다."

그러고는 양말을 벗어 발톱이 뭉개지고 굳은살이 두껍게 붙은 발을 보여주었다고 합니다. 전략과 전술이 아무리 뛰어나다 하더라도 실제로 움직이지 않고 실행하지 않는 사람에게는 성공이라는 친구가 절대로 찾아오지 않는 법입니다.

목표는 원대하게 평가는 냉혹하게

한 가지 뜻을 가지고 그 길을 걸으라!
잘못도 있으리라. 그러나 다시 일어나서 앞으로 가라!
— 카렐 프라게르Karel Prager, 체코의 건축가

사람들은 맹인으로 태어난 것보다 더 불행한 것이 뭐냐고 나에게 물어온다.
그럴 때마다 나는 '시력은 있으나 비전이 없는 것'이라고 대답한다.
— 헬렌 켈러Helen Keller, 미국의 교육자

《웹스터 사전》으로 유명한 사전편집자이자 언론인이며, 미국의 국무장관까지 지낸 나니엘 웹스터Daniel Webster의 청년 시절 이야기입니다. 그는 법대를 졸업하고 변호사가 되려는 꿈을 품고 있었습니다. 그러나 주변 사람들은 그를 말렸지요. 이미 변호사의 수가 너무 많고 법률 계통에서 성공하려면 집안에 돈이 많거나 좋은 가문 출신이 아니면 어렵다는 것이 그 이유였습니다. 그러나 웹스터는 다음과 같이 말하면서 뜻을 굽히지 않았습니다.

"그래도 맨 위에는 늘 자리가 남아 있는 법입니다."

남들이 어려워서 오르려고 하지 않는 자리는, 그런 만큼 늘 비어 있는 법입니다. 그러므로 꿈은 원대하게 세우십시오!

어린 시절에는 누구나 무한한 가능성에 대해 꿈을 꿉니다. 꿈이 뭐냐고 물으면, 대통령이 되겠다거나 우주비행사가 될 거라고 씩씩하게 말하던 때도 있었죠? 물론 지금도 아마 물리학자라든가, 노벨 평화상 수상자, 스포츠 선수 등 정말 많은 꿈을 가지고 있을 겁니다. 그러나 조금 더 자라면서, 그야말로 철이 들기 시작하면서 사람들은 차츰 그 꿈들을 하나씩 포기하기 시작합니다. '우주 비행사는 너무 힘들 거야', '가정형편상 예술가는 꿈도 못 꾸지', '대통령은 아무나 하나' 하는 식으로 말이죠. 우리가 어릴 때 마음 놓고 꿈꿀 수 있었던 건, 오직 자신의 신념을 믿고 앞만 바라보고 달릴 수 있으리라고 생각했기 때문입니다.

알렉산더 대왕이 군대를 이끌고 전쟁터에 나갔습니다. 그런데 놀랍게도 적군의 병사가 아군보다 무려 10배가 넘었지요. 병사들은 벌써부터 수적인 열세에 잔뜩 겁을 먹고 있었습니다. 싸움터로 가던 도중 알렉산더 대왕은 갑자기 작은 사원으로 들어갔습니다. 그리고 그곳에서 승리를 기원하는 기도를 올렸습니다. 장수와 병사들이 일제히 그를 바라보았습니다. 그러자 알렉산더 대왕은 손에 동전 하나를 들고 말했습니다.

"자, 이제 기도를 마쳤다. 신께서 내게 계시를 주셨다. 이 동전

비전과 신념의 힘은 이토록 무서운 것입니다.

아무리 어려운 일이라도 '된다'고 믿으면 정말로 그렇게 됩니다.

을 던져 나는 우리의 운명을 예측하려고 한다. 만약 이 동전을 던져 앞면이 나오면 우리가 승리하는 것이고, 뒷면이 나오면 우리는 패배할 것이다.”

알렉산더 대왕은 비장한 표정으로 동전을 하늘 높이 던졌습니다. 모두들 숨을 죽이고 동전을 주시했죠. 병사들 앞에 떨어진 동전은 앞면이 위로 올라와 있었습니다.

“앞면이다. 우리가 이긴다!”

병사들의 기쁜 함성이 천지를 뒤흔들었습니다. 결국 그들은 10배나 되는 적을 격파할 수 있었죠. 승리를 자축하는 자리에서 한 장군이 말했습니다.

“운명이란 무서운 것입니다. 저희가 10배나 되는 적을 이겼으니 말입니다.”

그러자 알렉산더 대왕이 말했습니다.

“과연 그럴까? 그 동전은 양쪽 다 앞면이었는걸!”

비전과 신념의 힘은 이토록 무서운 것입니다. 아무리 어려운 일이라도 된다고 믿으면 정말로 그렇게 됩니다. 그래서 모름지기 필사적으로 싸우겠다는 의지를 불태우게 하는 일이야말로 가장 중요한 능력인 것입니다.

• 5% 성장은 불가능해도 30% 성장은 가능하다

여러분이 진정한 성공을 꿈꾼다면 먼저 스스로에 대한 원대한 미래상을 그릴 수 있어야 합니다. 앞으로 5년간, 10년간 무슨 일을 어떻게 이룰 것인지 장기적인 목표나 비전을 세울 때, 혹은 해마다 연초에 '올해 이루어야 할 일'과 같은 연간계획과 목표들을 정할 때 어떤 마음가짐을 가지나요? 마음속으로 '이 정도라면 가능하겠지' 하고 생각하는 수준의 목표와 계획들을 나열하고 있지는 않나요? 이것은 진정한 미래상이 아닙니다. 즉 '이런 일은 좀 무리다' 싶은 일이 아니라면 미래상이라고 할 수 없다는 이야기죠.

이렇게 말하는 사람도 있습니다. "5% 성장은 불가능해도 30% 성장은 가능하다. 5% 성장을 목표로 삼으면 과거의 방식대로 움직이기 때문에 4% 성장도 달성하기 힘들다. 그러나 30% 성장을 목표로 삼으면, 과거와 완전히 다른 혁신적인 아이디어를 찾게 되고 접근방식도 달라지기 때문에 기대 이상의 성과를 거두곤 한다."

언뜻 이해가 안 될 수도 있겠지만, 실제로 경험해보면 100% 공감할 수 있는 이야기입니다. 저축을 하면서 "3년 동안 1,000만 원만 모아야지!"라고 생각하면 정말 그것 이상으로는 모을 수 없습니다. 하지만 "1억 원을 모아야지!"라고 생각하면 최소한 5,000만 원은 모을 수 있는 것이죠. "이번에 전교 10등 안에 들어야지!" 하면 최소한 50등 안에는 들 수 있습니다. 그러나 처음부터 50등을 목표로 잡으면 100등 안에도 못 들게 되는 것과 같은 이치입니다. 물론 지나친 과대망상에 빠져 얼토당토않은 허황된 목표를 세우는 것은 금물이지만, 약간 무리다 싶은 정도는 되어야 목표가 성취의 원동력이 되어줄 수 있습니다.

오래 전 제가 대학에 다닐 때 아르바이트로 고등학교 2학년 학생에게 수학과 영어를 개인지도 해준 적이 있었습니다. 꽤 부유한 집의 자녀였는데 한두 달 지도했더니 반에서 중간쯤이었던 성적이 많이 향상되어서 본인은 물론 부모님들도 아주 좋아하셨지요.

그때 제 목표는 이 학생이 상위 5% 이내에 들어갈 수 있도록 가르치는 것이었습니다. 그래서 숙제도 많이 내주고 예습과 복습도 혹독하리만큼 철저하게 시켰죠. 그런데 어느 날 그 학생이 이렇게 말하는 것이었습니다.

"선생님은 정말 욕심이 끝이 없으세요. 중간에 있던 제가 20% 안에 들어간 것도 너무너무 어려운 일이었는데, 20%에 들어가자마자 곧바로 '5% 안에 들기' 목표로 도전하자고 하시니…. 5% 안에 든다는 것이 그렇게 쉬운 일이 아니잖아요. 너무 목표가 높아요!"

그때 저는 이렇게 이야기했습니다.

"목표는 높을수록 좋고 꿈도 클수록 좋다. 원대한 목표를 세우고 그것을 향해 달리다 보면 어느 순간 스스로 놀랄 정도로 그곳에 가깝게 다가가 있는 너 자신을 발견하게 될 거야. 우리 함께 해보자. 너는 계획을 철저히 따라 오기만 하면 돼."

결국 그 학생은 제 말에 따랐고, 그 결과는 아주 놀라웠습니다. 5% 안에는 못 들었지만, 곧 7% 안에 들었고, 그 다음 학기에는 상위 3%까지 진입했으니까요. 덕분에 전 오랫동안 그 학생의 개인지도를 맡게 되었고 대학 내내 학비도 충분히 벌 수 있었습니다. 물론 그 학생 역시 좋은 성적을 얻은 것은 두말할 나위도 없고 '도전적인 목표'와 '냉혹한 평가', 그리고 '끈기와 집요함'을 배우게 되었죠.

사람은 누구나 꿈을 먹고 자랍니다. 우리들 가슴에는 나이테가 그려져 있는데, 꿈이 있는 삶은 희망과 생명의 나이테가 늘어나고, 꿈이 없는 삶은 절망과 좌절의 나이테가 늘어날 뿐입니다. 원대하게 목표를 세우되 무리하지 않고 철저하게 성과를 관리할 때, 여러분의 내성은 강해지는 법입니다.

안 되는 사람일수록 자신에게 인심이 후하다

누구나 목표가 생기면 그 목표를 향해 달음박질합니다. 그런데 안 되는 사람일수록 자기 자신에게 인심이 후합니다. 반면 의지가 강하고 성취지향적인 사람일수록, 실현가능한 것보다 조금 높게 목표를 세우고, 자신에 대한 평가는 누구보다 냉혹하게 하지요.

얼마 전 저와 멘토-멘티 관계를 맺게 된 한 젊은이가 자신의 고민을 제게 털어놓았습니다.

"재수를 해서 시험을 보았는데, 처음 재수를 시작할 때 부모님께 말씀드렸던 목표에 미치질 못했습니다. 하지만 고3 때보다는 훨씬 더 열심히 공부했고, 성적도 올랐지요. 저는 정말 최선을 다했는데도, 부모님께서는 인정해주시질 않습니다. 최선을 다하지 않았다고 몰아세우시는데, 정말 너무 섭섭하고 어이가 없습니다."

저는 우선 처음 목표를 세울 때 그것에 도달하기 위해 세부계획을 철저히 수립했느냐고 물었습니다. 그리고 중간 중간 그것이 제대로 지켜지고 있는지 스스로 평가해보았는지, 만약 계획을 제대로 달성하지 못했다면 그 원인이나 방법에 대해 심각하게 고민해보았느냐고도 물어보았습니다. 그 친구는 '사실 그렇게까지는 하지 못했다'고 대답하더군요. 그래서 저는 다음과 같은 얘기를 들려주었습니다.

"어떤 일에 최선을 다했다는 것은 자신이 할 수 있는 모든 수단을 동원한 상태를 말하는 것입니다. 더 나은 방법이나 개선해야 할 점이 있는데도 앞뒤 안 돌아보고 무조건 달리기만 한 것은 최선을 다했다고 말할 수 없는 거지요. 또 일을 시켜보면 모두들 최선을 다했다고 말하는데, 결과를 보면 그 사람의 기준이나 가치관에 따라 전혀 다른 양상이 나타날 때가 많습니다. 가령 어떤 사람은 스스로의 기준치가 100이어서 그만큼 한 것을 최선을 다했다고 말하는데 어떤 사람은 70 정도를 해놓고도 최선을 다했다고 말하는 경우가 있지요.

예를 들어 어떤 일이 주어졌을 때, 밤을 새워서라도 일을 끝내는 사람은 그것이 '최선'의 기준인 것이고, 졸릴 때는 자고 남은 시간에만 열심히 일을 하는 사람은 그것이 그에게는 '최선'입니다. 놀 것 다 놀고 평소보다 조금 더 열심히 일한 걸 가지고 최선을 다했다고 우기는 사람도 있지요. 그러므로 '최선을 다했다'고 하는 것은 객관적으로, 즉 평가자나 상대방의 입장에서 그 과정과 결과를 인정할 수 있는 것이어야 합니다.

김 군의 부모님도 아마 그런 관점에서 말씀하신 거라고 보아집니다. 단순히 목표를 달성하지 못했다고 해서 하신 말씀이 아니지요. 제가 보기에도 김 군은 철저한 학습관리와 냉정한 자기평가가 부족했던 것 같습니다."

그 친구는 그제야 고개를 끄덕이며 앞으로 자신도 더 철저히 목표관리를 해야겠다고 말하더군요.

살다 보면 아무리 애써도 목표를 100% 달성할 수 없는 경우가 분명 있습니다. 반드시 결과만이 전부는 아니지요. 더 중요한 것은 그 목표를 달성하기 위해 얼마나 치열하게 자신과 싸웠느냐, 얼마나 냉정하게 스스로를 평가했느냐 입니다. 성취를 이룬 사람들은 대부분 철저한 자기검증과 냉정한 자기관리를 통해 어떤 돌발 상황이 생겨도 끝끝내 그것을 돌파해내고 관철해낸 사람들입니다.

　인간은 누구나 자기 자신에게 관대해지는 경향이 있습니다. 하지만 스스로와 타협하면서 현실의 문제를 회피하면, 당장은 문제가 사라진 것처럼 보여 스스로를 속일 수 있겠지만 결과적으로는 어떤 문제도 해결되지 않습니다. 어려운 상황과 장애물을 똑바로 직시하고 극한 경쟁을 통해 꿈을 성취해나가는 것이 진정한 문제 해결입니다. 때문에 성취를 위해서는 자신을 보다 냉혹하게 평가해야 합니다. 우리가 잘 알고 있는 성공한 사람들 중 그 어떤 사람도 자기 자신에게 인심이 후한 사람은 없었다는 사실을 기억하시기 바랍니다.

　원대한 목표도 좋고 강렬한 열망도 훌륭합니다. 하지만 평가 앞에서 대충 타협한다면 성공은 영영 멀어지고 맙니다. 자신을 냉정하게 평가할 수 없는 사람은 늘 그 자리에 머물 수밖에 없습니다. 자기만족에 빠져 그냥 주저앉아버리거나, 반대로 모호한 평가항목 때문에 실제 도전해보지도 못하거나 오히려 목표에 압도당하게 되는 경우도 많습니다.

　이러한 경우는 하루하루 가혹하리만큼 냉정하게 스스로를 평가해봐야 합니다. 남이 나를 무시하거나 구박할 수 없도록, 스스로를 객관적으로 돌아보고 실력을 향상시켜 나가야 한다는 말입니다. 자신에게 명령하지 못하는 사람은 남의 명령을 들을 수밖에 없다는 누군가의 말처럼, 스스로를 냉정하게 바라보고 컨트롤

할 수 있어야 남들의 비난이나 평가로부터 자유로울 수 있습니다.

프로는 아마추어처럼 '노력하고 있다'는 자기위안이나 '전보다 조금 더 성장했다'는 낭만적인 자기만족으로는 생존할 수가 없습니다. 결국 프로들의 머릿속에 들어 있는 건 경기에 나가 이기는 것, 탁월한 실적으로 우승컵을 거머쥐는 것뿐입니다. 그래서 이기는 조직, 이기는 사람들의 중요한 습관 중 하나는, 자기 자신에 대해 냉정하다는 것입니다. 그리고 누구나 할 수 있는 평균적인 성취에 도취되어 자기만족에 빠지지 않습니다. 2002년 월드컵의 영웅이었던 히딩크 감독처럼 언제나 "나는 아직도 배가 고프다."라고 말할 수 있는 사람, 그런 사람이 바로 프로이고 이기는 사람입니다.

"목표는 원대하게, 과정은 철저하게, 평가는 냉정하게!"

남들이 힘들고 두려워서 오르지 않으려 하는 곳, 그러므로 성상에는 언제나 자리가 비어 있다는 사실을 잊지 마십시오.

디테일의 힘,
1m씩 쪼개고 잘라서 관찰하라

사소한 지출을 주의하라.
작은 구멍 하나가 당신을 침몰시킬 수도 있다.
– 벤자민 프랭클린Benjamin Franklin, 미국의 작가이자 정치가

산을 옮기는 사람은 작은 돌멩이부터 옮긴다.
– 중국 속담

한 작가가 있었지요. 화창한 금요일 아침, 친구들이 찾아와 주말에 바람이나 쐬러 가자고 했습니다. 그러자 그 작가는 작품을 써야 하기 때문에 갈 수가 없다고 말했습니다.

일요일 저녁, 친구들이 돌아왔을 때 작가는 일을 많이 해서 기분이 좋다며 무척 뿌듯해했습니다. 친구들은 작품을 얼마나 썼느냐고 물으며 보여달라고 했지요. 그런데 작가가 보여준 원고는 금요일 아침에 그들이 본 것과 하나도 달라진 것이 없었습니다. 도대체 무슨 일을 했느냐고 묻자 작가는 이렇게 대답했다고 합니다.

"그제 쉼표(,)를 쌍반점(;)으로 바꿨다가 오늘 다시 쉼표로 바꿨다네. 내가 얼마나 일을 열심히 했는지 알겠는가?"

프랑스 작가 귀스타브 플로베르Gustave Flaubert의 이야기입니다. 그의 위대한 작품들은 바로 쉼표 하나도 허투루 찍지 않는 치밀함과 집요함 속에서 탄생한 것입니다.

우리는 '성공'과 '실패'가 엄청난 재능과 노력의 차이에서 비롯된다고 생각하는 경우가 많습니다. 하지만 대부분의 실패는 오히려 아주 사소한 것에서 시작됩니다. 1986년 전 세계를 경악케 한 챌린저 호 폭발사건이 있었습니다. 우주인 7명의 목숨을 앗아간 이 희대의 비극은, 보조장치에 작은 결함이 있다는 걸 알면서도 이를 무시한 NASA 지도층의 안일함에서 비롯된 것입니다. '그까짓 것, 무슨 일 있겠어?'라고 생각했던 거지요. 결국 그들 때문에 챌린지 호는 이륙 직후 폭발과 함께 공중분해 되는 비극적인 운명을 맞게 됩니다.

우연치 않게 《미스터 초밥왕》이라는 일본 만화를 본 적이 있습니다. 일류 초밥 요리사를 꿈꾸는 북해도 출신의 '쇼타'라는 소년이 동경까지 초밥 유학을 와서는, 결국 수많은 난관을 뚫고 전국 초밥 만들기 경연대회에 출전하여 '초밥왕'에 등극하기까지의 과정을 감동적으로 그려낸 이야기죠. 초밥 하나를 만드는 데 그토록 많은 것을 배워야 하는 줄은 그 만화를 보면서 저도 처음 알았습니다. 밥을 짓는 쌀은 어떤 쌀이 좋은지, 물은 어느 정도 부어야 하는지, 생선을 만질 때 손의 온도는 몇 도여야 가장 좋은지를 일일이 실험합니다. 그뿐입니까? 와사비(고추냉이)는 어떤 것을 골라야 하는지, 초밥의 크기는 밥알이 몇 개 정도여야 적당한지, 식초는 또 얼마나 넣어야 하는지 등등, 이루 헤아릴 수 없이 복잡하더군요. 하다못해 생선회 뜨는 칼의 상태를 점검하는 법부터 칼질하는 법까지 주인공 쇼타는 완전히 새롭게 배우더군요.

그냥 식초로 버무린 밥 위에 와사비를 조금 바르고 생선회 한 조각을 얹으면 끝나는 건 줄 알았던 초밥이 차이가 나봐야 얼마나 날까 싶었는데, 물이 1%만 더 들어가도 손의 온도가 조금만 높거나 낮아도 그 맛이 현저하게 달라진다고 하니 정말 놀라웠습니다. 그 과정은 예술작품 이상의 혼과 열정이 실려야 하는 일이더군요.

생각해보면 세상 어떤 일이 그렇지 않을까요! 어느 날 갑자기 콧잔등에 불쑥 솟아오른 뾰루지 하나 때문에 잘생긴 얼굴이 우스워 보일 수도 있고, 뜯어진 실밥 하나 때문에 근사하게 차려 입은 명품 옷이 엉망으로 보일 수도 있습니다. 딱 2분 지각한 것 때문에 면접에서 떨어진 취업지원자가 있고, 단 1점 차이로 대학에 떨어진 학생도 있습니다. 아주 작은 순간의 실수 하나가 인생을 바꾸고, 심지어 사람의 목숨을 앗아가기도 합니다.

우리가 하는 모든 일은 아주 미세한 점點으로 연결되어 있습니다. 그 점들 중 어느 하나만 끊겨 나가도 '성공'이라는 선線으로 이어지지 못하지요.

"빨간불일 때 횡단보도를 건너는 사람을 막을 수 없다면, 살인이나 강도사건도 막을 수 없다."

1994년 뉴욕시장으로 취임한 루돌프 줄리아니Rudolph Giuliani의 말입니다. 당시 뉴욕시는 세계 최고의 경제·문화 도시라는 이미지와는 달리 미국에서 둘째 가라면 서러울 정도로 심각한 우범지역이었지요. 역대 시장들도 이 문제를 해결하려고 안간힘을 썼으나 그 누구도 뉴욕시를 '범죄 없는 안전한 도시'로 만들지는 못했습니다. 그래서 줄리아니 시장은 취임 직후 경찰국장과 손잡고 대대적인 범죄소탕 작전에 돌입했습니다. 그런데 그들이 제일 먼저 손낸 것은 살인이나 마약, 강노와 같은 강력범죄가 아니라 아주 사소한 경범죄들이었습니다. 즉 남의 차 유리를 몰래 부수거나, 벽에 낙서를 하는 사람, 신호등을 무시하거나 전철에 무임승차 하는 사람들을 대대적으로 잡아들인 것이지요. 그와 동시에 강력범죄는 앞으로 더더욱 엄격하게 처벌할 것이라는 메시지를 시민들에게 계속 전달했습니다.

대다수의 사람들은 어처구니없다며 그를 비웃었습니다. 그러나 결과는 실로 놀라웠죠. 연간 2,200건에 달하던 살인사건이 순식간에 1,000건 이상 감소한 것입니다. 이는 '깨진 유리창 법칙'이란 범죄학 이론을 적용시켜 성공한 대표적인 사례입니다. '깨진 유리창 법칙'이란, 집 주인이 깨진 유리창을 그대로 방치해두면 지나가는 아이들이나 행인들이 돌을 던져 남은 유리창까지 모조리 깨뜨리고, 또 그렇게 유리창이 없어지면 절도범이나 강도가 들어올 확률도 높아진다는 이야기입니다. 즉 깨진 유리창의 조그만 틈새 하나가 통제 불능의 무법천지를 만든다는 이야기죠.

우리 삶도 마찬가지입니다. 작은 것을 소홀히 하고 방치하면 나중엔 걷잡을 수 없이 큰 문제로 확대되곤 합니다. 야단 맞을까 봐 둘러댄 사소한 거짓말이 나중엔 돌이킬 수 없는 범죄로 발전하기도 하고, 사소한 일로 말다툼을 하고 화해하지 않아 친구와 뜻하지 않은 절교에 이르기도 합니다. 오늘 1시간을 적당히 보내면 그것이 쌓여 1주일에 7시간, 한 달이면 30시간, 1년이면 360시간을 허비하게 됩니다.

미국의 저명한 홍보 마케팅 전문가인 마이클 레빈^{Michael Levine}은 "성공은 치열한 경쟁이나 값비싼 홍보 · 마케팅 전쟁, 혹은 원대한 비전에만 의존하는 것이 아니라 지금 하고 있는 일의 작은 부분을 꼼꼼히 챙기는 데서 결정된다."라고 말한 바 있습니다. 그러므로 자신이 하고 있는 일이 아무리 작고 사소해 보이더라도 끝까지 점검하고 거기에 최선을 다해야 할 것입니다.

얼마 전에 수십 억 원의 연봉을 받는 한 대기업 CEO를 만난 일이 있습니다. 그날 저는 그의 하루 일정에 대한 설명을 들었습니다. 그는 아침 5시에 일어나 6시까지 하루 일정을 체크하고 7시경에 출근해 8시부터 회사 일에 몰입합니다. 하루 종일 회의와 미팅이 잡혀 있는데 보통 미팅은 30분이나 1시간 단위로 쪼개져 있습니다. 미팅을 하는 중간 중간 약 5분 정도 다음 미팅을 준비하는 시간이 있고, 점심 때는 거의 대부분 외부인사들과 점심식사 약속을 잡아 식사를 같이 합니다. 그리고 오후에는 다시 1시간 간격으로 회의나 미팅을 연달아 계속하고 퇴근 후 저녁식사는 꼭 만나야 할 사람들을 만나서 두세 시간 정도 할애한다고 합니다. 그 다음은 귀가하여 하루 일과를 기록하며 정리한다고 합니다. 즉 이 분은 시간을 5분, 10분, 30분, 1시간 단위로 짧게 쪼개서 알뜰하게 쓰고 있었습니다. CEO가 되기 전부터 그 분이 지켜온 평생 습관이라고 합니다. 그런 모습을 보면서 역시 대기업 CEO가 되실 만한 분이라는 생각이 들었습니다.

잘라서 보라! 그러면 해결책이 보인다

삶은 문제의 연속입니다. 만약 문제가 없다면 그것은 삶이 아닙니다. 어찌 보면 인생의 묘미는 수많은 문제들을 착착 해결해나가고 극복해나가는 데 있을지도 모릅니다. 그리고 그 문제를 해결해내는 능력을 보고 우리는 그 집단과 그 사람의 수준을 판단하기도 합니다. 즉 사람들이 말하는 '능력 있는 사람'이란 것도 결국은 '문제해결 능력이 있는 사람'이라는 뜻이죠.

여러분도 아마 살면서 수많은 문제에 부닥치게 될 겁니다. 아무리 열심히 해도 수학점수가 오르지 않는다든지, 집중이 잘 안 되어 학습능률이 오르지 않는다든지, 좋아하는 이성친구가 도무지 마음을 열지 않는다든지, 이런저런 이유로 학교에 가기가 싫다든지 등등…. 아마도 일일이 열거할 수 없을 정도로 매일매일 많은 문제와 고민거리에 맞닥뜨리겠지요.

그럴 때는 어떻게 해결방법을 찾을까요? 아무리 해도 방법이 떠오르지 않을 때는 문제를 아주 잘게 쪼개서 분석해보면 의외로 쉽게 해답이 나타날 때가 있습니다. 가령, 수학점수가 오르지 않을 때는 무조건 '수학은 나하고 안 맞나봐' 하고 포기할 게 아니라 그 원인이 될 만한 이유를 전부 일일이 열거해보는 것입니다.

배울 때는 알겠는데 시험만 보면 막막해지는 것인지, 수학 선생님이 싫어서 그 시간에 딴 짓을 하는 것인지, 수학공부를 하는 시간대가 집중이 잘 안 되는 시간인지, 정말 자신이 수학과는 체질적으로 잘 안 맞는 것인지, 그동안 수학공부를 너무 안 해왔던 터라 현저하게 기초실력이 떨어져서 아직 진도를 못 따라잡는 것인지, 이번 수학시험 문제가 유난히 어렵거나 내가 모르는 문제만 나온 건지, 내가 수학에 극심한 거부감을 갖고 있는 건지, 수학시험 보는 날 유독 컨디션이 안 좋았는지 등등을 한번 따져보는 겁니다. 그러면 정신적인 문제를 극복해야 하는지, 노력을 통해 실력을 더 키워야 하는 건지, 학습방법을 개선해야 하는지, 단순히 그날 운이 나빴던 것뿐이었는지, 아니면 정말 최악의 경우 수학에서 좋은 점수를 받는 걸 포기하고 그 시간에 다른 과목에 더 집중해야 하는지 등등 몇 가지 문제해결책이 나오게 됩니다. 도저히 혼자서 판단할 수 없을 때는 부모님이나 선생님, 선배 등과 상의하면 더 많은 도움을 받을 수 있습니다. 이때에도 그냥 뭉뚱그려서 "나는 수학을 왜 이렇게 못하는 걸까요? 어떻게 하면 되죠?"라고 묻는 것보다는 조목조목 자신이 분석한 현상과 문제점을 가지고 하나하나 해결책을 깊이 있게 상의해보는 게 훨씬 더 큰 도움을 얻을 수 있습니다.

집중이 잘 안 되어 학습능률이 오르지 않을 때도 마찬가지입니다. 공부하는 환경이 문제인지, 학습하는 시간대가 문제인지, 자신의 심리상태가 문제인지 등등 그 원인은 헤아릴 수 없이 많을 것입니다. 가령 환경이 문제라면 그것을 개선할 수 있는 수십 가지 방안을 모색해볼 수 있지요. 거실의 TV 소리든, 바깥의 소음이든, 조명의 밝기든, 동생들의 방해든, 친구들의 잦은 전화든, 문제의 원인을 찾아서 바꾸거나 적극적으로 차단해야 합니다.

아무리 복잡해 보이는 문제라 해도 잘라서 스텝 바이 스텝step by step으로 진척도를 그려보거나, 각 영역별로 토막토막 잘라서 관찰해보면 상황을 개선시킬 묘책이 의외로 쉽게 나오게 마련입니다. 그리고 무엇을 우선순위에 두어야 할지도 명확하게 보입니다. 그것이 바로 과학적 사고이며 전략적 접근입니다.

전체를 하나의 거대한 덩어리로 보지 말고 잘게 쪼개서 보세요. 모든 문제에는 수많은 원인이 떼려야 뗄 수 없는 관계로 얽혀 있습니다. 사소한 것이라고 해서 소홀히 하지 말고, 작은 문제들 사이의 관계를 집요하게 추적해보세요. 어떤 문제든 입체적으로 바라보고 잘게 쪼개서 대안을 찾아내는 것, 이것이 바로 이기는 습관입니다.

실패는 가장 좋은 교재,
실패노트를 작성하라

눈부신 실패에는 포상을 내려라.
그러나 평범한 성공은 벌하라.
– 필 다니엘스Phill Daniels, 호주의 기업가

한 번도 실패하지 않았다는 건
새로운 일을 전혀 시도하고 있지 않다는 신호다.
– 우디 앨런Woody Allan, 미국의 영화감독

DNA가 세포의 기본적인 유전물질임을 최초로 밝혀낸 사람은 미국의 생물학자 오스왈드 에이버리Oswald Theodore Avery입니다. 에이버리는 수년간 수많은 실험을 했는데, 계속 실패를 거듭했습니다. 그럼에도 그는 포기하지 않고 계속 실험에 매달렸습니다. 주변에서 지켜보던 사람들이 안타까워서 걱정스럽게 물었습니다.

"쯧쯧…. 그렇게 계속 실패만 하니…, 지치지 않나요?"

그랬더니 에이버리는 미소를 지으며 태연하게 대답했습니다.

"전혀요. 넘어질 때마다 뭔가를 주워서 일어나거든요."

　여러분은 야구를 좋아하나요? 그러면 야구라는 경기가 탄생한 이래 이제까지 삼진아웃을 가장 많이 당한 선수가 누군지 알고 있나요? 그건 다름 아닌 최고의 홈런왕 베이브 루스Babe Ruth입니다. 우습지요? 최고의 홈런왕이 최악의 삼진아웃 타자라니…. 그렇다면 그는 사상 최악의 삼진아웃 타자일까요, 아니면 사상 최고의 홈런왕일까요? 사람들은 지금 베이브 루스를 어떻게 부르나요?

　발명왕 에디슨은 또 어떤가요? 그 역시 전구 하나를 발명하기까지 400번이 넘는 실패를 했습니다. 그러나 에디슨은 "400번의 실험은 결코 실패가 아니다. 나는 단지 전구가 만들어질 수 없는 400가지의 사례를 발견한 것뿐이다."라고 말했습니다.

　요즘 젊은이들의 극단적인 행동이 언론에 자주 보도되고 있습니다. 부모와의 불화로 인해 스스로에게 상해를 입히는 청년, 수능시험을 망쳤다고 아파트 옥상에서 뛰어내려 자살을 하는 학생들…. 훗날 돌이켜보면 아무것도 아닌 조그만 실패를 마치 온 우주가 끝나버리기라도 한 것처럼 생각하고 저지른 행동들이죠. 정말 안타까운 일이 아닐 수 없습니다. 여러분도 그런 생각을 해본 적 있나요? 남의 일이다 생각하면 별일 아닌 것처럼 말할 수 있어도, 막상 나에게 닥치면 사소한 실패나 좌절도 어마어마한 재앙으로 느껴지는 게 사실입니다. 게다가 여러분처럼 아직 몸과 마음이 다 자라지 않은 청소년들은 더욱 쉽게 흔들리고 두려움에

이제까지 삼진아웃을 가장 많이 당한 선수가 누군지 알고 있나요?
그건 다름 아닌 사상 최고의 홈런왕 베이브 루스입니다.
최고의 홈런왕이자 최악의 삼진아웃 타자,
사람들은 지금 베이브 루스를 어떻게 부르나요?

떨 수 있습니다. 저도 다 겪어본 일이고 제 아이들도 다 그렇게 자랐으니까요. 하지만 우리 인생은 한 번 실패했다고 해서 포기해버리기에는 너무나도 아까운 무언가가 있습니다. 성취와 성공을 이룬 대부분의 사람들은 오히려 실패를 디딤돌로 삼아 성공의 제단으로 활용했다는 사실을 기억해야 하겠습니다.

도전과 실패가 없으면 성공도 없습니다. '문제는 실패를 어떻게 받아들이느냐'입니다. 누군가가 실패와 경험의 차이를 설명하면서, '실패'는 그냥 잘못된 일일 뿐이고, '경험'은 실패를 통해 얻은 교훈이라고 말한 적이 있습니다. 정말 명쾌한 정의가 아닐 수 없습니다.

그러나 불행한 건 이들처럼 실패를 딛고 성공한 이가 채 5%도 안 된다는 사실입니다. 실패하는 사람들은 대부분 똑같은 실패를 되풀이합니다. 대체 성공과 실패를 가르는 요인은 무엇일까요? '성공하는 사람들의 습관'이니, '성공의 조건'이니 하는 책이나 교육들이 무수히 많지만 그들이 미처 언급하지 않았던 중요한 요인이 하나 있습니다.

실패를 떳떳이 인정하고 공개하는 용기

그 중요한 요인은 바로, '이기는 사람은 자신의 실패를 떳떳이 인정하고 공개한다'는 것입니다. 오랫동안 조직생활을 해오면서 저 역시 수많은 동료와 부하직원들을 만나고 겪어왔습니다. 그러면서 그 사람이 앞으로 성공적인 인생을 살지, 아닐지를 식별해내는 한 가지 판단기준을 발견해냈습니다. 그것은 바로 실수를 했을 때, 자신의 잘못을 떳떳이 공개하고 시인하느냐 아니냐 입니다. 자신의 못난 모습을 만천하에 공개하고 싶어 하는 사람은 아무도 없습니다. 잘못이나 실수는 숨기고 싶어 하는 게 사람의 본성이죠. 그러나 진짜로 능력 있고 뛰어난 사람들은, 자신의 잘못을 아무도 모르더라도, 실제로 자신이 정말 잘못을 한 건지 아닌 건지 잘잘못이 분명치 않을 때라도 자신의 실수나 실패를 스스로 인정하고 공개합니다. 그럼으로써 그들은 '호미로 막을 걸 가래로 막는' 실수를 하지 않습니다. 일이 더 커지기 전에 지혜롭게 대처하는 겁니다.

반면 문제가 생겼을 때 은근슬쩍 뒤로 숨거나, 다른 사람들에게 떠넘기거나 물귀신처럼 연대책임으로 몰고 가려는 사람이 있습니다. 그런 사람들은 실패의 원인을 샅샅이 파헤쳐 대안을 제시하기보다는 변명을 늘어놓거나 상황논리를 들이대며 자신을 합리화합니다. 가령 이런 식입니다.

"잘못하긴 했지만, 이러저러한 상황 때문에 어쩔 수 없었어요."

이런 사람에게는 미래가 없습니다. 1%라도 자신에게 책임이 있었다면, 그것이 무엇 때문이었는지 스스로 명확하게 밝혀내고 개선책을 찾아내야 똑같은 실수를 반복하지 않을 수 있습니다. 이들의 더 큰 문제는 자꾸만 그렇게 스스로를 합리화하다 보니까 실제로 자기 자신조차도 진실을 착각하고 정말 그렇게 믿어버린다는 것입니다. 그러나 대부분 자신만 모를 뿐 주위 사람들은 오히려 문제의 진실을 더 정확히 알고 있는 경우가 많습니다. 인정을 안 하니까 그냥 모른 척해주는 것뿐입니다.

최근 학력위조 파문으로 세상을 떠들썩하게 했던 수많은 연예인이나 유명인들의 경우도 그렇습니다. 차라리 자신의 잘못을 떳떳이 인정하고 진심으로 사죄했더라면 오히려 전화위복이 될 수 있는 상황인데도, 끝까지 꼬리에 꼬리를 무는 거짓말로 작은 실수를 더 큰 실수로 만들어 끝끝내 파멸의 구렁텅이로 빠지는 안타까운 모습을 보였습니다.

이처럼 실수를 어떻게 받아들이고 처리하는가를 보면 그의 본모습을 금방 파악할 수 있습니다. 조금 일이 더디어 보이고, 별달리 눈에 띄지 않았던 사람이라 할지라도 자신의 실수를 스스로 인정하고 적극적으로 나서서 해결하려고 애쓰는 경우에는 달리 보입니다. 느리더라도 그 사람에겐 분명 미래가 있습니다. 훗날 되돌아보면 이런 예측은 언제나 정확히 들어맞았습니다.

실패는 지혜를 배우는 과정입니다. 실패를 경험해본 사람은 그 실패를 교훈 삼아 더욱 현명하게 생각하고 행동하기 때문입니다. 실패의 소중함과 가치를 아는 사람만이 더 큰 성공을 거두게 마련입니다.

일본의 토요타 자동차는 실패로부터 성공을 학습하는 조직문화로 유명합니다. 토요타 직원들은 누구나 자신의 '실패노트'를 철저히 작성하고 학습자료로 삼는 한편, 전사적으로 공개하고 전 직원과 공유합니다. 이를 통해 똑같은 실수를 다른 사람이 반복하지 않도록 하고 새로운 개선 제안의 자료로도 활용하는 것이죠.

처음엔 누구라도 실패노트를 꺼내 보여주거나 실패 자체를 기록으로 남기는 일을 즐거워할 리 없습니다. 그러나 진정한 진보의 견인차 역할을 하는 것은 '성공노트' 쪽보다는 '실패노트'나 '시행착오노트' 쪽입니다. 미래의 존재가치를 더 높여주는 것은 현재에 내한 뼈아픈 발견과 성찰이기 때문입니다.

미국이나 독일의 경우에도 실패를 오히려 약진의 기회로 삼아 강대국에 합류한 역사를 볼 수 있습니다. 1800년대 이전만 해도 독일은 프랑스와의 전쟁에서 늘 패배를 거듭했습니다. 그러자 독일은 패전한 장수들을 모두 불러 모아 패전의 원인을 철저히 찾아내게 한 뒤 무엇을 개선하면 승리할 수 있는지 전략을 제시하도록 했지요. 그 결과 그들은 다음과 같은 3가지 이유와 개선안을 제시했습니다.

첫 번째 패전 원인은 장교가 전사하면 사병들이 오합지졸이 되어 참패를 당한다는 것이었습니다. 이를 보완하기 위해서 세계 최초로 육군사관학교를 만들어 체계적으로 장교들을 양성하자는 것이었습니다. 두 번째는 사령관이 한순간 잘못된 판단을 내린 것이 전쟁의 승패에 치명적인 영향을 주었다는 사실입니다. 그러므로 참모제도를 운영하여 군 사령관의 전략 판단을 보좌해주자는 것입니다. 세 번째는 아무리 공을 많이 세우더라도 신분이 낮은 사람은 장교가 될 수 없기 때문에 병사들이 비전을 가질 수가 없고 그러다 보니 자연스럽게 사기가 떨어진다는 것이었습니다. 이에 신분 차별을 폐지하여 누구나 실력이 있으면 장교가 되도록 했습니다. 이렇게 한 결과 독일은 이후 전쟁에서는 모두 승리했습니다. 실패에 대한 철저한 분석이 성공의 토대가 된 것입니다.

1970년대 미국이 경제적으로 일본에 뒤처졌던 때가 있었습니다. 그러자 미국 정부는 망한 기업의 경영자들을 다 모았습니다. 잘나가고 성공한 기업의 사례를 들으려 한 게 아니라 망하고 실패한 사례를 듣기 위해서입니다. 그리고 그들로 하여금 왜 미국 경제가 일본을 능가하지 못하는가를 토론하게 한 후 실패노트를 작성하도록 했습니다. 결국 미국은 도출된 개선안을 철저히 시행, 위기를 극복하고 일본을 다시 추월했습니다.

요즘 공부를 잘하는 학생들은 선행학습과 동시에 반드시 오답 노트를 만들어 활용한다고 합니다. 이는 한 번 틀린 시험문제나 원리에 대해 완벽히 이해하여 다시는 실수를 하지 않기 위한 방법이라고 합니다. 새로운 것을 계속 습득하는 것도 좋지만 왜 자신이 그 문제에서 틀렸는지, 그리고 왜 그 문제를 이해하지 못했는지를 정확히 알고 넘어가야만 새로운 학습에도 진전이 있습니다. 원리를 모르고 계속 새로운 지식만 주입해봐야, 이미 가지고 있던 지식조차도 점점 더 혼란스럽게 꼬이고 뒤섞일 뿐입니다. 그러다 보면 점점 더 공부가 어렵게만 느껴지고 지겨워질 수밖에 없고요. 공부를 잘하는 것도 결국은 똑같은 실패를 반복하지 않는 것이고, 똑같이 주어진 시간 동안 다른 사람보다 더 효율적으로 지식을 습득하는 나름대로의 방법을 찾는 거라고 할 수 있습니다.

사람인 이상, 우리는 당연히 실패도 하고 실수도 합니다. 그렇지 않다면 신이겠지요. 그리고 대부분의 사람들은 승리보다는 패배를 더 자주 경험합니다. 그런데 이러한 실패의 경험들을 의연하게 받아들이거나 자기성찰의 계기로 삼지 못하고, 다른 누군가를 원망한다거나 스스로 좌절해서 다시는 일어나지 못하는 사람들이 많습니다. 때로는 자신이 얻지 못한 승리에 끝없이 집착하기도 하고, 성공을 거머쥔 사람들을 보면서 어떻게든 그들의 노력과 열정에 흠집을 내려는 사람들도 있습니다. 이런 사람들의 공통점은 자신의 실패를 진실하게 인정하질 않으려 한다는 점입니다. 그런가하면 어떤 이는 실패 자체를 자신의 운명처럼 치부하고 스스로를 으레 실패할 수밖에 없는 '운 없는 사람'이라고 몰아세우기도 합니다. 그리고 패배자 의식에 젖어 자기를 비하하면서 운명 앞에 힘없이 스러집니다.

그러나 생각해보면 역사 속의 위대한 인물들은 누구보다도 더 많은 실패와 시련에 맞닥뜨린 사람들입니다. 시련과 실패 없이 커다란 업적을 이룬 이는 아무도 없습니다. 어쩌면 시련의 크기만큼 그 사람도 커지고, 실패와 시련에 비례해 그의 성공도 커진다고 볼 수 있습니다. 옛 어른들은 시련에 처해 있는 젊은이들에게 종종 이런 말씀을 들려주시곤 했지요. "크게 쓰시려고 너에게 이런 시련을 주시는 거다."

사람의 유전자는 99.7%가 같다고 합니다. 전교 1등 하는 친구를 보면 도대체 모르는 게 없을 것 같고 언제나 자신감에 차 있는 것 같죠? 어떤 유혹에도 절대 흔들리지 않을 것 같아 보이고 말이죠. 그러나 실제로 그들의 일상을 살펴보면 그들도 많은 실수와 시행착오를 겪습니다. 단지 그들은 자신의 꿈과 목표를 달성해가는 과정에서 맞닥뜨리는 수많은 시행착오를 새로운 아이디어로 전환하여 디딤돌로 삼았을 뿐입니다. 자신의 실패를 인정하고 학습하는 습관을 갖기 위해서는 다음과 같은 일련의 활동들이 많은 도움이 될 것입니다.

• 뭘 모르는지를 먼저 파악하세요.

우선 자신이 무엇을 몰라서 실패했는지를 아는 게 가장 중요합니다. 많은 사람들이 실패 자체에 빠져 정작 자신이 실패한 이유를 찾는 데 소홀합니다. 그러다 보니 가장 중요한 것은 실패 이유인데, 여전히 왜 실패했는지를 모르는 채로 다시 도전했다가 똑같은 실패를 반복하곤 하지요. 노력이 부족해서인지, 너무 성급하게 판단한 것인지, 그 분야에 대한 경험이 부족해서인지, 남의 말만 믿고 섣부르게 시작한 때문인지 등을 알아야 합니다. 실패했다고 해서 아무 대책도 세우지 않고 실망에 빠져 있거나 우울해하고 있을 틈이 없습니다. 우선 실패요인을 철저히 분석해보세요.

• 나만의 '실패노트'를 만드세요.

스케줄러나 학습일지에 기록된 것으로 객관적인 과정을 확인할 수는 있지만, 그것만으로는 발전의 기틀을 마련하기 힘듭니다. 학습방법의 문제, 시간배분의 문제, 목표설정의 문제 등 실패의 이유를 분석하고 그 실패사례를 기록해두는 것입니다. 학습 이외에도 자신의 생활 가운데 실수를 하거나 실패한 경험을 철저히 기록하다 보면, 그 과정에서 무엇이 잘못됐고, 어떤 시행착오가 있었으며, 무엇을 개선해야 할지 알게 됩니다.

그냥 머릿속으로 두루뭉술하게 생각했을 때와는 달리, 하나하나 적어 내려가다 보면 자신의 강점과 약점이 무엇이었는지 뚜렷

하게 파악할 수 있고, 이후의 성취속도도 배가됨을 느낄 수 있을
것입니다.

• 체크리스트를 만드세요.

유난히 똑같은 실수를 자주 반복하는 경우가 있습니다. 시험
볼 때도 지난번에 틀린 문제를 또 다시 틀리는 경우가 많지요. 사
람은 누구나 자신만의 취약점이 있습니다. 가령 유난히 숫자에
약해 숫자와 관련된 문서에서 자주 실수를 한다든지, 다 잘해놓
고 마지막에 체크하는 것을 소홀히 한다든지, 약속이나 연락하는
걸 종종 잊어버린다든지 등등. 그래서 모든 프로세스를 다 잘해
놓고도 한두 가지 실수를 저지르는 바람에 일을 망치는 경우가 많
습니다. 따라서 자기가 취약한 부분에 대해서 꼼꼼하게 체크리스
트를 만들어 책상 앞에 붙여놓고 단계별로 항상 체크하는 습관을
들여야 합니다.

우리는 죽을 때까지 끊임없이 실수를 하면서 배우는 존재입니
다. 실수를 자신의 성장을 위한 필수요소라고 생각한다면 그것을
통해 상황을 다르게 볼 수 있을 것입니다. 실수를 통해 무언가를
배운다면, 실수를 깨닫는 능력도 커지고 똑같은 실수를 되풀이할
가능성도 줄어듭니다. 고작 한 번 실패했다고 삶의 주도권을 빼
앗겨서 방황한다는 것이 이 얼마나 어리석은 일입니까.

216

06

규범의 습관,
기초적인 것이 아름답다

예의도 없고, 질서도 안 지키는 사람, '단정함'이라는 기본도 모르는 사람이
무슨 일인들 제대로 할 수 있을까요? 전장의 장수가 전투태세를 갖추듯이,
응급실 의사가 어떤 상황에든 대처할 수 있도록 준비하듯이,
자신이 어떤 복장과 어떤 무기와 어떤 장비를 가지고,
그리고 어떤 자세를 가지고 임해야 할지 명확히 알아야 합니다.

사랑 속에 힘이 있다

빨리 가려면 혼자 가라. 멀리 가려면 함께 가라.
외나무가 되려거든 혼자 서라. 푸른 숲이 되려거든 함께 서라.
– 아프리카 속담

지혜가 깊은 사람은 자기에게 무슨 이익이 있음으로 해서 사랑하는 것이 아니다.
사랑한다는 그 자체 속에서 행복을 느낄 수 있기 때문에 사랑하는 것이다.
– 블레즈 파스칼Blaise Pascal, 프랑스의 수학자이자 철학자

제 인생에 중요한 발견은 신비롭고 헌신적인 사랑이었습니다.
거기엔 어떤 논리적인 이유도 없습니다. 당신은 내 존재의 이유이고, 나의 모든 이유입니다.
– 영화 ‘뷰티풀 마인드’ 중에서

한 사람이 기차를 타다가 신발 한 짝을 승강장에 떨어뜨렸습니다. 기차는 이미 움직이고 있어서 신발을 주울 수가 없었습니다. 그러자 신발을 떨어뜨린 사람은 자신이 신고 있던 나머지 신발 한 짝을 벗어서 떨어진 신발이 있는 곳으로 던졌습니다. 옆에 있던 사람이 의아해 하며 그 이유를 묻자 그는 다음과 같이 대답했습니다.

“누군가가 저걸 줍는다면 짝이 맞아야 신을 것 아닙니까?”

그 사람이 바로 ‘비폭력 저항’으로 유명한 마하트마 간디 Mohandas Karamchand Gandhi입니다. 우리라면 어땠을까요? 아마

"누군가 다른 사람이 저걸 줍는다면 짝이 맞아야 신을 것 아닙니까?"
아무리 잘난 사람도 궁극적으로는 타인과의 조화나
공동체에서의 소속감을 가질 때 행복을 느낄 수 있습니다.
다른 사람에 대한 배려와 사랑이야말로
자신을 사랑하고 위하는 가장 올바른 길입니다.

떨어진 자기 신발 한 짝 때문에 속상해하기 바빴겠지요. 만약 간디처럼 많은 사람들이 신발 한 짝을 주울 다른 사람을 먼저 생각해본다면 세상은 어떻게 변할까요?

사람은 타고난 속성상 이기적일 수밖에 없습니다. 자신의 목적을 달성하기 위해 타인과의 경쟁에서 이겨야 하고, 남보다 나은 삶을 성취하고자 하는 욕망이 있기 때문이지요. 그러나 한편으로는 사회적 존재로서 타인을 배려하고 사랑을 실천하려는 속성도 가지고 있습니다. 그렇지 않다면 아마 이 세상은 서로 자기만 잘 살겠다고 아등바등거리는 사람들로 아수라장이 되어버렸을 것입니다. 이 같은 이율배반적인 두 가지 속성은 인간이라면 누구나 부정할 수도 거부할 수도 없는 필연적인 속성입니다.

인간으로서 바람직한 삶을 살려면 이 두 가지 속성이 서로 조화와 균형을 이루어야만 합니다. 이러한 조화와 균형이 깨어질 때 개인과 사회 모두가 상처받고 망가질 수밖에 없습니다. 불행히도 요즘 세태는 점점 더 자신밖에 모르는 이기적인 속성들이 득세하면서, 사회적 존재일 수밖에 없는 이타적인 속성을 배반합니다. 자신과 불과분의 관계일 수밖에 없는 부모, 형제, 친구, 자식, 마침내는 같은 공동체 안에 있는 모든 사람들을 부정하기도 합니다. 그리고 스스로 싸늘하고 메마른 소외감의 동굴에 틀어박혀버립니다. 결국 이런 소외감이 깊어지면 모든 것을 포기하고 싶은 '절망'에

220

사로잡히게 됩니다. 아무리 잘난 사람도 궁극적으로는 타인과의 조화나 공동체에서의 소속감을 가질 때 행복을 느낄 수 있습니다. 그러므로 다른 사람에 대한 배려와 사랑이야말로 자신을 사랑하고 위하는 가장 올바른 길입니다. 다음에 소개하는 이솝 이야기는 '사람됨'에 대해 많은 것을 생각하게 합니다.

이솝이 어렸을 때의 이야기입니다. 이솝의 주인은 훌륭한 학자였지요. 어느 날 주인이 말했습니다.

"애, 이솝아, 목욕탕에 가서 사람이 많은지 보고 오너라."

이솝은 목욕탕으로 갔습니다. 그런데 목욕탕 문 앞에 끝이 뾰족한 돌이 땅바닥에 박혀 있는 것이었습니다. 그래서 목욕탕으로 들어가던 사람이나 목욕을 하고 나오는 사람 모두가 그 돌에 걸려 넘어질 뻔하거나 돌부리를 걷어차 발을 다치기도 하고, 심지어 어떤 사람은 넘어져서 코가 깨지기도 했습니다.

"에잇! 빌어먹을!"

사람들은 돌에 대고 욕설을 퍼부었습니다. 그러면서도 누구 하나 그 돌을 치우는 사람은 없었지요.

'사람들도 참 한심하지. 어디, 누가 저 돌을 치우는지 지켜봐야겠다.'

이솝은 목욕탕 앞에서 그것만 지켜보고 있었습니다.

"에잇! 빌어먹을 놈의 돌멩이!"

여전히 사람들은 돌에 걸려 넘어질 뻔하고는 욕설을 퍼부으며 지나갔습니다. 얼마 후에 한 사나이가 목욕을 하러 왔습니다. 그 사나이도 돌에 걸려 넘어질 뻔했지요.

"웬 돌이 여기 박혀 있담!?"

그 사나이는 몸을 추스르자마자, 단숨에 돌을 뽑아 길 옆으로 치웠습니다. 그리곤 손을 툭툭 털더니 목욕탕 안으로 들어가는 것이었습니다. 이솝은 그제야 일어서더니 그냥 집으로 달려갔습니다. 목욕탕 안에 몇 명이 있는지 헤아려보지도 않고 말이죠. 그리고 집에 도착해서는 주인에게 이렇게 말했습니다.

"주인님, 목욕탕 안에 사람이라곤 한 명밖에 없습니다."

이솝의 눈에 남을 배려하지 않는 사람은, 사람이 아니었던 것이지요. 인간은 사회적 동물입니다. 자신이 성공한 것은 이웃이 나의 성공을 도와주었기 때문이라는 사실을 잊어버려서는 안 되죠. 더불어 살아가는 세상에서 서로를 귀찮게 여기고 사람을 수단으로만 생각하다 보면 스스로 설 곳이 없게 됩니다.

얼마 전 조선의 명의 허준의 이야기를 듣고 다시 한 번 그의 가슴 뜨거운 '인류애'를 절절하게 느낀 적이 있습니다. 허준은 과거 시험을 보기 위해 수년간 죽어라 공부했습니다. 그리고 마침내 과거시험을 보러 떠나는 날, 옆 마을에 위급한 환자가 있다는 소식을 듣습니다. 환자를 살리러 가면 과거시험은 볼 수가 없었습니다. 과거를 보려면 또 몇 년이나 기다려야 하지만 허준은 시험을 포기하고 생명을 살리는 쪽을 택했습니다. 과거 합격이 몇 년 늦어지더라도 한 사람의 생명이 우선이라는 생각에서였습니다. 결국 그 같은 인류애와 인본주의적 철학을 바탕으로 한 의술이야말로 그가 두고두고 후대에 이르기까지 존경과 사랑을 받게 된 까닭일 것입니다.

제가 주말마다 빠트리지 않고 봤던 드라마 중 하나가 '대조영'이란 사극입니다. 대조영의 일대기를 보면서 저 역시 리더로서 참으로 많은 감동을 받았습니다. 그 중에서도 저를 가장 울컥하게 한 것이 바로 '백성들을 지극히 사랑하는 마음'입니다. 그의 철학은 '백성이 없으면 결국 나라도 없다'는 것입니다. 그래서 어떤 위기상항에 닥쳐도 최우선석으로 '백성들의 안위'에 초점을 맞춰 의사결정을 합니다. 부하들이 아무리 만류해도 그는 자신이 위험에 빠질지언정, 백성들을 버리지 않습니다. 결국 그것이 위대한 발해왕국을 건립할 수 있었던 보이지 않는 힘이 아니었을까요?

그렇습니다. 우리는 사람을 사랑하는 일에 최선을 다해야 합니다. 아무리 높은 관직을 얻는다 하더라도, 아무리 돈을 많이 벌었다 하더라도, 사람을 사랑하지 않으면 진정으로 성공했다고 할 수 없습니다. 설령 어쩌다 성공의 문턱을 밟는다고 해도 사람을 사랑하는 마음이 없으면 결코 그 자리에 오래 머무를 수 없습니다.

미국 마이크로소프트 사의 빌 게이츠 회장과 그의 부인 멜린다는 세계 최대 규모의 사회복지재단인 빌 앤드 멜린다Bill&Melinda 재단을 공동으로 운영하고 있습니다. 사람들은 이 재단의 막강한 영향력을 두고 '돈 버는 천재'와 '돈 쓰는 천재'가 조화를 이루었다고 우스갯소리를 하기도 합니다. 그리고 돈은 벌기보다 쓰는 것이 더 어려운데 그런 면에서 보면 빌 게이츠 회장보다 멜린다가 한 수 위라고 격찬합니다.

한 사람의 위대함이나 성공을 말할 때, 그것이 진정한 것이냐 아니냐를 판가름하려면 그 사람이 사람을 사랑하는 사람인지 아닌지를 기준으로 삼고 판단해야 정답을 알 수 있을 것입니다. 이기심으로 똘똘 뭉쳐서 오직 자신만을 위해 남을 짓밟고 부모형제를 짓밟고 이웃을 짓밟고 다른 나라를 짓밟은 사람들을 우리는 위인이라 말하지 않습니다. 독재자 히틀러가 그렇고, 스탈린이 그렇습니다.

중학교 2학년 때 미국으로 건너가 2007년 명문 캘리포니아대(Univ. of Califonia) 버클리 의대에 들어간 최새롬 양은 11,000 대 1의 경쟁률을 뚫고 바로 빌 게이츠 부부가 운영하는 빌 앤드 멜린다 재단이 선발하는 장학생이 되었습니다. 우연히 새롬 양을 만날 기회가 있어 저는 이런저런 이야기를 나누다가 문득 이런 질문을 던졌습니다.

"왜 많은 대학 중에서 의대를 선택했나요?"

그랬더니 새롬 양은 이렇게 말했습니다.

"저는 지난 4년 동안 암센터에서 자원봉사활동을 해왔습니다. 그러면서 다시 한 번 생명의 존엄을 깨달았고 제가 조금이라도 힘이 된다면, 의사가 되어 그 분들을 돕고 싶습니다."

너무나 아름다운 대답이었습니다. 어쩌면 그 마음 때문에 수많은 지원자들을 제치고 새롬 양이 선택된 것 아닐까요?

사람을 사랑하는 마음에서 출발한 비전과 꿈은 이 세상 어떤 비전보다도 강렬합니다. 자신의 성공만을 위한 사사롭고 이기적인 비전은 힘이 약합니다. 그것은 인간이 애초에 인류애적인 동물이라는 것을 증명하는 것이기도 하고, 원래 이타적인 에너지가 훨씬 강력하다는 얘기이기도 합니다. 너무나 여리고 가냘프게 보이는 여성이 자신의 아이가 위험에 처했을 때 어디서 그런 힘이 나오는지 모를 천하장사 같은 놀라운 힘을 발휘하는 걸 우리는 가끔 보거나 전해 듣습니다. 자신을 위해서라면 도저히 그런 일을 할 수 없을 것 같은 일을 해내기도 하고, 자기도 모르게 엄청난 에너지가 나오기도 합니다. 물론 부모라는 역할 자체가 좀 특별한 경우긴 하지만 어쨌든 그것 또한 이타적인 에너지의 놀라운 힘을 보여주는 증거 아닐까요?

　다른 사람을 사랑하고 인류애적인 마음에서 빚어져 나오는 꿈은, 하늘과 온 우주가 그것을 실현하도록 돕는다고 합니다.

인사는 모든 경쟁력의 기초이다

예절이 갖는 힘을 체득하라. 두 배의 가치가 돌아온다.
예절의 기술은 모든 인간관계를 향상시킨다.
— 발타자르 그라시안Balthasar Gracian, 스페인의 작가

예절은 공짜로 모든 것을 얻는 방법이다.
— 작자 미상

군자가 예절이 없으면 역적이 되고,
소인이 예절이 없으면 도적이 된다.
— 《명심보감》

요즘 젊은이들이라면 모르는 사람이 없는 '신화'라는 원조 아이돌 그룹이 있습니다. 한 인터뷰에서 이들이 참 재미있는 이야기를 했습니다. 자신들의 뒤를 이어 가요계에 수많은 후배들이 등장하는 것을 지켜보았는데(이 친구들은 아이돌 그룹이라고는 해도 98년에 데뷔를 했으니 벌써 10년이나 가수활동을 해온 중견 그룹이라 해도 과언이 아니죠) "참 이상하게도 인사성 없는 후배들은 나중에 조용히 사라지더라."는 것입니다. 그들은 "후배들을 보면 동생 같은 심정이 들어 귀엽긴 한데, 선배들에게 인사를 잘 안 하는 것이 아쉽다. 예전에 우리는 음악 프로

그램 리허설이 있을 때면 대기실을 찾아다니며 선배님들에게 꼬박꼬박 인사를 하곤 했는데….”라며 후배들의 ‘예의 없음’을 안타까워했습니다. 그리고 정말 어떤 후배 그룹이 하도 인사성이 없기에 ‘쟤들 조만간 사라지겠군!’ 했더니 정말 얼마 후 자취를 감추더라는 무시무시한 말을 한 것입니다.

자유롭고 분방한 듯 보이는 연예계도, 예의와 인사성에 대한 사람들의 생각은 똑같나봅니다. 아무리 세상이 변했다 해도 ‘예의’라는 건 변함이 없는 중요한 가치죠.

거의 매일같이 하루 10여 개 점포를 순회하며 매장 컨설팅을 하다 보면, 잘되는 점포와 그렇지 않은 점포를 단박에 알아차릴 수 있습니다. 가는 곳마다 업종도 다 다르고 일하는 종업원도 다 다르지만, 돈을 많이 벌고 성공하는 곳일수록 유달리 분위기가 밝고 편안하고, 직원들의 인사성 또한 매우 활기찹니다.

문을 열고 매장에 들어가는 순간 깜짝 놀랄 만큼 큰 목소리로 명랑하고 활기차게 인사를 하거나, 마치 오므려져 있던 용수철이 튕겨나가듯 요란하게 손님을 반기는 곳이 있는가 하면, 반대로 자기들끼리 잡담이나 하다가 문 열리는 소리에 마지못해 고개만 ‘까딱’ 하는 곳도 있습니다. 여러분도 아마 그런 경험을 해본 적이 있을 겁니다. 그런데 신기한 것은 호들갑스럽게 반기는 매장이나 직원은 거의 대부분 전국에서 내로라하는 1등 점포이거나 베테랑 마케터들이더군요.

이처럼 잘 되는 집안과 안 되는 집안의 차이는 '분위기'에서부터 확연히 드러납니다. 마찬가지로 잘 되는 사람과 안 되는 사람은 얼굴 표정과 인사성만 봐도 어느 정도 그의 미래를 짐작할 수 있습니다.

최근 들어 창의력이니 자율이니 하는 말들이 선진적인 문화를 대변하는 말처럼 쓰이고 있습니다. 그러나 창의와 방만을 구별 못하고, 자율과 방종을 혼동하는 사람들이 너무 많은 것 같습니다. 규율 없는 자유는 방종에 불과하고, 책임 없는 창의는 방만함에 불과할 따름입니다. 비록 종업원 두셋에 불과한 구멍가게라 할지라도 질서와 책임이 없다면 금세 망하고 맙니다. 인간이란 누구든 자기중심적인 사고방식을 가지고 있어서 규칙이나 규범이 없으면 제 편한 대로 하려는 본성이 튀어나오게 마련이니까요.

처음 창업을 했거나, 이른바 창의적인 일을 한다는 소규모 조직에 가보면 "일만 잘하면 됐지, 형식이나 규칙이 뭐 필요 있습니까?" 하며 사장부터가 자랑 삼아 얘기하는 경우를 종종 보게 됩니다. 그런데 그런 곳들은 공통적으로 불친절하고 무성의합니다. 아주 불쾌하고 짜증스러울 지경이죠. 손님이 사무실 문을 열고 들어가도 직원들은 누가 들어오는지 나가는지 관심도 없고 아예 쳐다보지도 않습니다. 아는 체를 하더라도 무성의하게 고개만 까딱거리며 퉁명스럽게 "어떻게 오셨어요?" 합니다. 그런 사무실의 경우, 둘러보면 서류나 비품들이 아무렇게나 널려져 있고 탁자에도 먼지가 뽀얗게 쌓여 있습니다. 어쩌다 전화라도 하면 인사말도 없이 "여보세요?", "누구 찾으세요?" 하고 따지듯이 툭툭 내뱉습니다. 신기한 건 그러다가 몇 년 뒤, 아니 몇 달 뒤에 다시 가 보면 백이면 백 문 닫은 지 오래라는 겁니다.

흔히 사람들은 규칙이나 규범이 자율과 창의를 가로막는 낡은 사고방식이라고 폄하하거나, 형식적인 겉치레에 불과한 것으로 취급하는 경향이 있습니다. 단언컨대 그것은 잘못된 생각입니다.

요즘 부모들은 공부나 학업성적에 관해서는 자녀들을 독려하고 질책하면서도 정작 가장 중요한 예의나 질서에 대해서는 입을 다무는 경우가 많습니다. 이런 부분에 대해서는 '크면 다 알아서 하겠죠', '괜히 아이들 기죽일 필요 있나요?' 하면서 너그러운 미소를 짓습니다.

하지만 정말 큰일 날 소리입니다. 예의범절이나 질서 역시 누가 안 가르쳐주면 모릅니다. 모르니까 안 하고, 안 하니까 못하는 겁니다. 그러다 보면 안 하는 걸 당연하게 생각하고, 그것이 끝내 그 사람의 습관이 됩니다. 예의도 없고, 질서도 모르는 사람이 무슨 일인들 제대로 해내겠습니까? 기본을 지키지 못하면 아무 일도 할 수 없습니다. 이것은 인간에 대한 예의이고, 자신의 삶에 대한 예의이며, 자신이 만나는 모든 사람에 대한 예의입니다. 그리고 스스로를 관리하고 통제하고 있다는 신호이기도 합니다. 가장 중요한 것임에도 불구하고 많은 사람들이 소홀히 하는 것 같아 참으로 안타깝습니다.

인간에 대한 첫 번째 예의

많은 사람들이 사랑하고 좋아하는 사람은 어떤 사람일까요? 인형같이 예쁜 사람? 공부 잘하고 똑똑한 사람? 돈 잘 쓰는 사람? 아닙니다. 아무리 예쁘고 똑똑하고 돈을 잘 써도 그 사람이 안하무인에 예의조차 없다면 여러분은 그런 사람을 좋아하겠습니까? 겉으로는 좋아하는 척해줄지 몰라도 속마음은 절대 그렇지 않을 겁니다.

요즘은 개성시대라 하여 너무 예의 바른 '범생이' 스타일보다는 톡톡 튀고 재기발랄한 사람들이 인기입니다. 그러나 그것도 아무 이해관계가 없거나 멀찌감치 보았을 때 그렇지, 막상 자신과 같은 방을 써야 하는 룸메이트나 같이 일하는 동료가 그런 스타일이라면 이야기는 달라집니다. 처음에는, 그리고 가끔씩은 그런 사람이 매력적으로 보이거나 호감을 가질 수도 있겠지만, 어느 순간 이 사람이 품격이 없고 예의도 없다는 사실을 알게 되면 금세 싫증이 나버리게 마련입니다. 이 세상 어느 누구도 무례한 사람을 좋아하는 이는 없습니다. 예의 없는 사람들조차도 예

의 없는 사람을 싫어합니다. 비록 자기 자신은 본인이 무례하다
는 사실을 잘 모른다 하더라도 말이죠.

예의범절 중에서도 가장 기초가 되는 것이 바로 인사입니다.
처음 만났을 때 그의 사람 됨됨이나 예의를 보여주는 바로미터가
인사이지요. 간혹 쑥스러워서 인사를 잘 못하겠다는 사람들이 있
는데 쑥스러운 거야 자꾸 하다 보면 익숙해지고, 하면 할수록 더
잘하게 됩니다. 조금만 신경 쓰면 금방 좋은 습관이 몸에 붙게 되
죠. 인사는 아무리 많이 해도 손해 보는 법이 없습니다. 그래서
대문호 톨스토이도 "어떠한 경우라도 인사는 모자란 것보다는 지
나친 것이 낫다."고 말했죠.

인사는 그냥 형식에 불과한 것이 아닙니다. 한 존재에 대한 인
정이자 존중의 표현입니다. '내가 너를 알고 있고, 내가 너를 한
사람으로 존중한다'는 신호입니다. 앙숙지간에는 외나무다리에
서 마주쳐도 서로 아는 척 안 하고 지나칠 것입니다. 이는 화를
내고 시비를 거는 것보다 더 무서운 일입니다. "나는 너라는 존
재를 인정하지 않아. 너는 나에게 이 세상에 없는 사람이나 마찬
가지야."란 뜻이기 때문입니다. 심하게 말하면 "넌 사람도 아니
야."라는 뜻입니다.

아침에 교실 문을 열고 들어오는데, 친구가 뒤통수만 보이고 앉
아 아는 척도 않는다고 생각해보세요. 한 술 더 떠 "좋은 아침~!"

하고 큰 소리로 인사를 하는데도 귀에 이어폰만 꽂고 앉아 대답도 안 한다고 생각해보세요. 그런 사람에게 기분 좋게 대해줄 친구나 선배가 있겠습니까? 인사성 하나가 여러분이 예의를 갖춘 사람인지 싹수가 있는 사람인지 말해주고, 용모나 옷차림 하나가 당신이 얼마나 준비된 사람인지를 말해줍니다.

여러분이 앞으로 살아가야 할 사회는 더욱더 경쟁이 치열해질 것입니다. 회사가 내 인생을 책임져주던 시대는 끝났고, 이미 한 사람 한 사람이 독립적인 상품이 된 시대라는 말입니다.

그렇다면 어떻게 경쟁력을 갖춰야 할까요? 학위? 공부? 인맥? 무엇이 가장 중요할까요? 저는 아주 간단한 원리부터 말하고자 합니다. 회사에 다니든, 예술을 하든, 연예인이 되든, 스포츠 선수가 되든, 장사를 하든, 세상 모든 일에는 모두 '상대'가 있게 마련입니다. 그 '상내'에게 자신을 어필하지 않으면 상대가 나에게 시간과 돈을 선뜻 내줄 리 없습니다. 그리고 상대에게 자신을 어필하는 가장 간단한 방법이 바로 '인사'입니다. 아니, 정확히 말하면 '제대로 된 인사'입니다.

인간은 사회적 동물이고, 인사는 사람과의 관계를 연결해주는 윤활유 같은 것입니다. 비즈니스를 성공시키려면 사람들의 틈을 비집고 들어가는 방법을 잘 알아야 하는데, 인사성이 밝은 사람은 이런 방법을 가장 자연스럽게 체화시켜 습관으로 만듭니다.

좋은 습관을 자기 것으로 만들어서 그런지, 이들은 남들보다 훨씬 친절하고 사교적이고 표정도 밝죠.

메달을 잘 따는 선수일수록 인사를 잘 하더라는 재미있는 기사를 본 적이 있습니다. 국가대표 선수들이 머무는 태릉선수촌 기숙사 관계자들이 하는 얘기입니다. 그들은 배드민턴 금메달리스트인 하태권 선수, 역도의 장미란 선수, 양궁의 이성진 선수 등이 인사를 잘하는 대표적인 선수들이라며, 특히 하태권 선수는 덩치도 커다란 사람이 지나가다 오며가며 볼 때마다 하도 열심히 90도로 깍듯하게 인사를 해서 오히려 받는 쪽이 미안할 정도라고 칭찬을 아끼지 않았습니다. 대체 운동선수들의 경기성적과 인사성이 무슨 관련이 있기에 그런 것일까요?

"내가 그의 이름을 불러주었을 때, 그는 내게로 와서 꽃이 되었다."라는 시 구절처럼 사람은 서로 눈빛을 마주치고 알아봐주고 인정해주었을 때, 비로소 서로에게 의미 있는 존재가 됩니다. 의미 있는 관계를 형성할 수 있는 첫 번째 실마리가 인사라고 할 수 있죠. 여러분도 좋아하는 이성친구나 선생님에게는 틈날 때마다, 마주칠 때마다 먼저 달려가서 반갑게 인사하곤 하지 않나요? '나'라는 존재를 상대방에게 좀더 긍정적으로 각인시키고자 '우연'을 가장한 사건을 계획하기도 하고요. 그렇게 자주 마주치고 인사를 건네는 일은 분명 효과가 있습니다. 누군가의 마음속에 들어가고 싶다면 꼭 그렇게 해보세요.

우리는 흔히 인사 잘하는 사람을 그저 '인사성 좋은 사람' 정도로만 간단히 치부해버리지만 그 '인사성'이라는 것이 갖는 위력은 실로 대단합니다. 입장을 바꾸어 생각해보세요. 같은 아파트에 사는데 서로 소 닭 쳐다보듯 하고 지나치는 이웃과, 먼저 생긋 웃으면서 인사를 건네는 이웃 중 누가 더 좋아 보일까요? 누구에게 더 친근감을 느끼고 더 잘 대해주고 싶을까요? 만일 쿵쾅거리는 윗집 아이들 때문에 화가 잔뜩 나서 뛰어 올라갔는데, 마침 문을 열고 나온 집 주인이 마주칠 때마다 먼저 인사를 건네던 그 친절한 이웃이라면 험한 말을 하려다가도 어느새 말씨가 공손해질 것입니다. 학교나 단체에서도 마찬가지입니다. 등하교 길에서 만나거나 학교 내에서 마주칠 때 언제나 공손하고 상냥하게, 그리고 반갑게 인사를 해주면 그게 그렇게 기분 좋을 수가 없습니다. 만약 그런 친구나 후배가 잘못을 저질렀다손 치더라도 20%는 봐주고 들어가게 됩니다. 불합리하다고 하겠지만 그게 인지상정입니다.

모든 관계는 인사로 시작되고 인사로 마무리 된다

인사의 힘은 단순히 좋은 인상을 주는 정도에 그치는 것이 아닙니다. 비즈니스를 할 때도 단순한 인사 하나가 엄청난 경쟁력을 창출합니다. 제가 대기업에 다니던 시절, 전자제품을 판매하는 대리점들을 총괄해서 관리하는 일을 한 적이 있습니다. 그 중 경기도 화정에 위치한 한 지점이 있었는데, 그 지역은 대한민국에서 소위 난다 긴다 하는 전자유통 매장 4개가 그야말로 다닥다닥 붙어 있습니다. 그래서 이 지점의 성적은 겨우 3위 수준이었고, 그것도 1위 매장에 비하면 매출액이 절반도 채 되지 않았습니다. 그러던 것이 지점장이 바뀌면서 단 몇 달만에 월 매출 10억 원 이상으로 비약적으로 실적이 오르면서 화정 지역의 타 점포들을 멀찌감치 따돌렸을 뿐 아니라 전국 톱클래스 수준의 실적을 기록했습니다. 그 비법이 무엇이었는지 아십니까? 바로 '인사 잘하기'였습니다. 그 어떤 어마어마한 경영전략도 마케팅 방법도 아닌, 단지 '인사하기' 하나만 바꿨을 뿐인데 말입니다.

사람은 자신의 존재를 인정해주고 존중해주는 사람에게 호감을 품을 수밖에 없습니다. 그 사람의 성품과 실력이 어떤지는 모르더라도 일단 호의적인 감정이 생기면 같은 모습도 좋게 보이는 법입니다. 그렇게 되면 자연히 긍정적인 피드백을 주게 되고, 그러면 또 그 사람은 용기백배해서 더 열심히 일하게 됩니다. 그렇게 긍정적인 피드백을 서로 주고받다 보면, 자연히 그 사람의 능력도, 두 사람의 신뢰도 함께 성장하게 됩니다. 선순환의 사이클로 접어드는 것입니다. 고개 한 번 정중히 숙이고 인사하는 것, 그토록 간단한 한 번의 '인사'가 가진 강력한 힘입니다.

인사는 대인관계의 첫 동작이자, 마지막 행동입니다. 그러므로 인사에 대해 심각하게 신경 써보지 않았다면 그의 미래에는 '묘지'라는 팻말을 써붙여야 할 것입니다. 한마디로 미래가 없다는 소리죠. 모든 인간관계는 인사로 시작되고, 인사로 깊어지며 인사로 마무리되기 때문입니다.

언제나 준비된 사람,
단정함으로 무장하라

발을 무겁게, 손은 공손하게, 눈은 바르게, 입은 다물고,
목소리는 고요하게, 머리는 바르고 곧게, 숨소리는 조용하게,
설 때는 의젓하게, 얼굴빛은 단정하게.
– 《명심보감》

이른바 단정한 사람이란 얼굴이 꽃처럼 아름다운 것만이 아니니
인색하고 질투하며 겉치레로 꾸며 말과 행실이 어긋나면 그는 아니네.
– 《법구경》

　　　　　　　　　나폴레옹의 7배, 히틀러의
3배 반, 알렉산더 대왕이 점령한 영토의 2배나 더 넓은 땅을 차지
함으로써 인류 역사의 큰 획을 그었던 칭기즈칸. 그는 777만㎢에
달하는 광활한 땅을 차지한, 지난 밀레니엄의 인류사에서 가장
큰 영향력을 발휘한 인물 중 하나입니다.

　불과 700년 전, 일개 마적단에 불과했던 소수의 불학무식한 집
단을 이끌고 역사상 최단 기간에 최대 제국을 건설한 리더. 몽골
에서 중국, 러시아를 거쳐 폴란드, 헝가리까지 몽골벨트를 형성
한 그는 참으로 불가사의한 존재라고 할 수밖에 없지요. 당시 몽

골의 인구는 고작 100만 명이었는데, 그 중 20만 명을 데리고 기마군단을 조직하여 당시 3억 명에 불과했던 세계 인구 중 1억 명을 지배하에 두었습니다. 무엇이 이것을 가능케 했을까요?

컨설팅업체인 리더밸류 사의 창업자 마이크 예이츠Mike Yates는 '칭기즈칸 리더십'에 대해 언급하면서 그의 리더십 특질을 비전(Envision), 능력(Enable), 열정(Energizing), 권한위양(Empowering) 등 4가지 E로 압축하고 있습니다.

그러나 저는 여기에 덧붙여 칭기즈칸 군대가 갖췄던 '단정함'에 주목하고자 합니다. 일반적으로 '단정함'이라 하면, 복장을 잘 갖추고, 용모가 말끔한 것을 떠올릴 겁니다. 그러나 진정한 단정함이란 말끔하게 갖춘 '용모'뿐만 아니라 자신의 신분이나 하고자 하는 일에 적합한 '태세'를 갖추는 것을 의미합니다. 환자를 돌보는 의사가 아무리 용모가 말쑥하다 흰들 환자를 진단힐 수 있는 도구나 문진 정보 등의 자료도 없이 환자를 맞는다면 이는 단정하다고 말할 수 없을 것입니다. 즉 단정함이란 자신의 특질을 잘 살리되 언제 어디서든 화력을 최대한으로 폭발시켜 발휘할 수 있도록 '순발력'과 '기동력'을 갖추는 것을 말합니다.

몽골군은 군복을 잘 정비해서 입은 것은 물론이거니와 병사 한 명이 보르츠(말린 쇠고기로 만든 휴대용 식량) 주머니를 두 개씩 가지고 다니다가 더운 물에 조금씩 풀어 마시는 것으로 식사를 해결함으로써 기동력을 더욱 높일 수 있었습니다. 그리고 몽골의 말은 작은 체구에 온순하면서도 환경 적응력이 강해서 장기간 이동하기에 적합했고, 몽골군이 사용한 말안장은 턱이 없어서 말 위에서도 몸놀림을 자유자재로 할 수 있었습니다. 뿐만 아니라 군화의 발목 부분에 금속판을 달아 발을 보호했고, 신발 코가 위로 들려 있어서 말에 탄 채로 일어서도 등자에서 발이 빠지지 않아 낙마의 위험 없이 전투를 할 수 있었습니다. 또한 그들의 등자는 말을 달리면서 뒤돌아 활쏘기가 가능하도록 개량되어 있었습니다. 즉 이 같은 준비된 복장이야말로 몽골군의 뛰어난 경쟁력의 원천이었던 것입니다.

외모는 가장 기초적인 셀프마케팅 수단

이처럼 '단정함'이란 단순히 아름답고 깨끗해 보이는 것을 넘어 그 사람의 자세와 마음 상태까지 일컫는 말입니다. 용모나 옷차림이 중요한 이유도 그것이 상대방에게 가장 먼저 보여진다는 데 있습니다. 가령 고객을 만나러 온 비즈니스맨이 빗질도 안 하고 고양이 세수나 겨우 하고 나왔다면 그 사람은 이미 일을 할 마음의 태세가 갖추어지지 않은 것이라고 볼 수밖에 없습니다. 군인이 전장에 나갈 때나, 의사가 수술을 집도할 때는 그 일을 수행하기에 가장 적합한 복장을 갖추어야만 합니다. 거기에는 옷차림

뿐만 아니라 총이나 무전기, 청진기, 메스 등과 같은 준비물도 당연히 포함될 것입니다.

단정함도 습관입니다. 여러분도 목숨을 걸고 대륙을 달렸던 칭기즈칸 군대가 가졌던 것 이상의 단정함을 갖추어야 합니다.

밤새 뭘 했는지 눈이 반쯤 감긴 채 하품만 연신 해대는 사람, 머리도 제대로 못 말리고 부스스한 얼굴로 나오는 사람, 소매 끝에 묵은 때가 꾀죄죄한 채로 고객을 만나러 가겠다고 나서는 사람, 침실인지 나이트클럽인지 분간이 안 되는 요상한 차림으로 나오는 사람…. 그런 사람들이 우리 주위에는 얼마나 많은가요? 그런 상태로 공부든 일이든 온전히 될까요? 당연히 제대로 될 리가 없습니다. 몸은 비록 학교 혹은 직장에 있지만, 마음은 허공을 헤매고 다닐 것입니다.

당연한 얘기지만, 가까이하고 싶고 자주 만나고 싶은 사람들은 자신의 외모를 잘 가꾸는 단정한 사람들입니다. 시장에서 사과 한 알을 사더라도 좀더 반듯한 모양에 빛깔도 좀더 고운 것으로 고르는 게 사람의 마음 아닌가요? 결국 외모는 가장 기초적인 마케팅 수단이라고 할 수 있습니다.

몸은 마음을 컨트롤하고 형식은 내용을 지배합니다. 정장을 입었을 때와 예비군복을 입었을 때의 아저씨들 모습을 떠올려보세요. 평소에는 단정했던 사람도 예비군복만 입으면 왠지 행동이 흐트러지고 껄렁(?)해집니다. 여성들도 마찬가지죠. 청바지 입

'단정함'이란 단순히 아름답고 깨끗해 보이는 것을 넘어
그 사람의 자세와 마음 상태까지 일컫는 말입니다.
무조건 예쁜 얼굴, 잘생긴 외모, 화려한 옷차림이 아니라,
때와 장소, 신분, 개성에 맞는 전략적인 '포장'이 필요합니다.

었을 때의 걸음걸이와 정장 투피스 입었을 때의 걸음걸이가 완전히 다릅니다. 여러분은 어떤가요? 교복을 입었을 때와 사복을 입었을 때, 마음가짐이나 기분이 매우 다르게 느껴지곤 하지 않았나요?

물론 굳이 제가 이런 이야기를 하지 않더라도, '외모 지상주의'라는 말이 흔히 쓰일 만큼 요즘 우리 사회는 외모에 대한 관심이 무척 뜨겁습니다. 원래 밥은 굶어도 의관은 잘 차려입던 우리 조상님의 핏줄을 이어받아서 그런지, 세계에서 둘째가라면 서러울 정도로 우리나라 사람들은 옷차림이나 용모 가꾸기에 투자를 많이 합니다. 그런데 언젠가 만난 한 프랑스인이 이런 말을 하더군요. "처음 한국 여성들을 보고 깜짝 놀랐다. 다 영화배우인 줄 알았다. 옷차림도 너무 화려하고 화장도 아주 프로페셔널 하다. 나들 예쁘고 날씬하다. 그런데 조금 지나고 보니 그 여자가 그 여자 같고 얼굴도 다 똑같더라."

칭찬인지 놀림인지 모를 그 이야기를 듣고 저는 웃을 수도 화를 낼 수도 없었습니다. 아닌 게 아니라 저도 거리를 걷다 보면 젊은 여성들의 얼굴이 어쩐지 다 비슷비슷하다는 생각이 들곤 했으니까요. 게다가 모두들 어찌나 잘 차려 입었는지 다들 연예인 같거든요. 특히 TV에 나오는 좀 예쁘다 하는 여자 연예인들은 어쩌면 그렇게 서로 비슷비슷한지요. 개성이라고는 찾아볼 수도 없고,

자연스러운 아름다움도 없습니다. 너무 많이 고친 얼굴이라서 그런지, 왠지 모르게 부자연스럽고 심지어 혐오감마저 느껴집니다. 그래서인지 차라리 쌍꺼풀도 없고 수수하게 생긴 여성들이 훨씬 아름다워 보이기까지 합니다. 저뿐만 아니라 주변에서도 대부분 비슷한 얘기들을 하시더군요. 왠지 깎아놓은 듯한 완벽한 미모보다는, 어딘지 좀 부족해(?) 보이더라도 기억에 남는 특징이 있는 연예인들이 더 많은 사랑을 받는 것도 다 그런 이유 때문이 아닐까요?

게다가 유행이다 뭐다 해서 너무 노출이 심하거나 눈살이 찌푸려질 정도로 요란한 옷차림으로 거리를 활보하는 사람들을 많이 봅니다. 도대체 쇼 프로에 나오는 연예인인지, 학생인지 직장인지 분간할 수가 없더군요.

꼰대(?)같고 고리타분한 충고라고 생각할 수도 있을 겁니다. 하지만 한번 생각해보죠. 우리가 옷을 입는 건, 추위나 더위로부터 몸을 보호하기 위한 것만은 아닙니다. 자신만의 매력, 자신이 누구인지를 보여주는 1차적인 수단이 바로 옷입니다. 모임에 갔는데 전부 빨간 드레스만 입고 있다고 생각해보세요. 게다가 미스코리아 결선 진출자들처럼 하나같이 똑같은 머리모양을 하고 나타났다면 어떨까요? 아무리 멋진 드레스를 입고 아무리 멋진 헤어스타일을 하고 있어도 개성도 없어 보이고 시선도 끌 수 없을 것입니다. 이때 만약 누군가가 단정한 검정 투피스에 긴 생머리를 늘어뜨리고 있다면 미모에 상관없이 가장 주목받지 않을까요? 물론 극단적인 예이긴 합니다만, 제 이야기의 요지는 개성 없고 천편일률적인 스타일은 일단 전략적으로 '실패'라는 말입니다.

반대로 숨 가쁘게 돌아가는 치열한 비즈니스 현장에서, 잠옷인지 속옷인지 분간도 안 되는 레이스 원피스를 펄럭거린다거나, 나이트클럽에서나 어울릴 만한 초미니스커트를 입고 보기에도 민망하게 허벅지를 훤히 드러내놓고 다닌다면, 누가 그녀를 보고 프로라고 할까요? 그리고 과연 그 모습이 멋있어 보이거나 아름다워 보일까요?

요컨대 무조건 예쁜 얼굴, 잘생긴 외모, 화려한 옷차림을 하라는 것이 아니라, 때와 장소, 자신의 신분, 개성에 맞는 전략적인 '포장'이 필요하다는 이야기입니다. 마케터의 시각에서 스스로의 '포장 상태'를 판단해보라는 거죠.

사람들이 상대를 평가하는 데는 시각적인 이미지가 상당히 중요한 요소로 작용합니다. 많은 사람들의 머릿속에는 이미 일정한 이미지가 저장되어 있습니다. 넥타이를 맨 말끔한 정장 차림의 남자는 지적이고 능력 있는 사람이라는 이미지가 떠오릅니다. 또한 날씬한 검정 투피스 차림의 여성은 유능한 커리어우먼의 상징이기도 합니다. 학생 시절에는 깔끔하고 단정한 차림이 가장 학생답고 예뻐 보입니다. 많은 영화와 드라마를 보면서 우리는 알게 모르게 그런 이미지를 머릿속에 각인시켜 놓았는지도 모릅니다. 어쨌든 그런 연상작용 때문에 우리는 어쩔 수 없이 첫눈에 얼굴 생김새, 헤어스타일, 옷차림 등으로 상대를 짐짓 평가하게 되는 것입니다.

그러므로 자신의 스타일이나 개성을 충분히 고려하되, 자신의 신분과 하는 일과 만나는 상대를 철저히 염두에 두고 '외모 가꾸기 전략'에 접근해야 할 것입니다. 물론 너무 천편일률적이거나 구태의연한 스타일도 개성 없고 평범해 보일 수 있습니다. 즉 전혀 예상 밖의 파격적인 옷차림이 깊은 인상을 남기는 경우도 있습니다. 예전에 어느 광고에 청바지를 입고 출근하는 CEO가 나온 적도 있었죠.

요지는 설령 티셔츠에 청바지 하나를 입더라도 '전략적'으로 입으라는 것입니다. 오늘은 왜 이런 차림이 좋은지, 오늘 만날 상대에게는 어떤 인상으로 어필해야 할지, 다른 친구들에게 내가 어떻게 보일지, 이 스타일이 나를 더욱 돋보이게 해주는지 아닌지 등을 충분히 고려한 최선의 선택이어야 한다는 것입니다. 걸음걸이나 자세, 말씨, 표정 등도 마찬가지입니다.

인정하고 싶든 아니든 우리의 외모는 제품의 포장과 같아서, 상대를 선택하고 평가하는 데 많은 부분을 차지합니다. 사람을

만나러 가는데 아무 생각 없이 대충 입고 나가는 사람은 총도 안
들고 전쟁터에 나가는 군인과 다를 바 없습니다. 그런 사람 치고
일 잘하는 사람, 성공하는 사람 못 봤습니다. 한 번만 만나도 깊
은 인상을 주는 사람, 가까이하고 싶고 만나고 싶은 사람으로 자
신을 가꾸세요. 그것이야말로 첫인상에서 일단 20점은 확보하고
들어갈 수 있는 여러분의 경쟁력입니다.

전장의 장수가 전투태세를 갖추듯이, 응급실 의사가 어떤 상황
에든 대처할 수 있도록 준비하듯이, 이기는 습관을 가진 사람이
라면 자신이 어떤 복장과 어떤 무기와 어떤 장비를 가지고, 그리
고 어떤 자세로 임해야 할지 명확히 알아야 할 것입니다.

자본이 필요 없는 투자,
웃음이 성공을 부른다

행복하기 때문에 웃는 것이 아니고,
웃기 때문에 행복한 것입니다.
― 윌리엄 제임스William James, 미국의 사상가

행복도 하나의 선택이며,
그 가운데 가장 잘 알려지고 가장 오래된 방법은
미소를 짓는 것입니다.
― 잭 캔필드Jack Canfield, 미국의 연설가이자 저술가

"**밤낮으로** 무서운 긴장감이 생겼기 때문에, 만일 웃지 않았다면 나는 이미 죽은 지 오래되었을 것입니다."

미국 16대 대통령 링컨의 말입니다. 남북전쟁이라는 어마어마한 전쟁을 치르고 막중한 대통령의 임무를 수행하는 일이 어디 그리 쉬운 일이었을까요? 그것을 링컨은 유머와 웃음으로 극복했나 봅니다. 얼마 전 불행히도 운명을 달리한 개그맨 고故 김형곤 씨 역시 이런 이야기를 했습니다.

"행복해서 웃는 게 아니라 웃어서 행복해지는 것이다."

여러분은 혹시 세계 최고 부자들의 웃는 사진을 자세히 들여다본 적이 있나요? 참으로 절묘하게도 그들의 웃는 모습은 정말 똑같습니다. 얼굴이 아주 활짝 펴지면서 입 꼬리 양쪽이 싹 올라가서 반달모양을 그리고 있지요. 그들의 미소를 보면, 마치 파도가 거칠게 일고 있는 바다 위에 유유히 떠 있는 위풍당당한 범선 같아 보입니다. 인생이라는 험난한 바다에서 자신이 얼마나 자신만만한지 강력한 신호를 보내는 듯하니까요. 세계 최대 갑부인 빌 게이츠가 그렇고 워렌 버핏Warren Buffett 역시 그렇습니다. 그들의 웃는 모습은 어쩜 그렇게 판에 박은 듯이 똑같을까요? 아닌 게 아니라 관상학적인 관점에서 볼 때도 잘 웃지 않고 입술 양끝이 아래로 쳐져 있는 사람들은 인생의 항해에서도 쉽게 전복당한다고 합니다.

이렇듯 웃음은 복을 가져다주는 부적 같은 것인데도 우리나라 사람들은 근엄한 게 미덕이라는 생각에 익숙해져서 그런지 대부분의 경우 너무나 진지하기만 합니다.

저도 자주 웃으려고 노력합니다만 사실 늘 웃는 게 그리 쉽지만은 않습니다. 어린 시절부터 습관이 되어야 하는데, 제가 자랄 때만 해도 그런 여유로운 환경이 아니었거든요. 마냥 웃고 다니면 "저런 실없는 놈!" 소리를 들어야 했으니까요. 하지만 이제는 그런 세상이 아닙니다.

웃는 순간, 좋은 운이 나를 향해 모여들고
그 운이 또다시 긍정적인 운을 끌어들입니다.
이렇게 아주 쉽고 간단한 투자만으로도 우리의 하루가
몰라보게 달라지고, 성과도 눈에 띄게 올라갑니다.

어느 날 매장 경력사원을 채용하는 면접에서 아주 특이한 이력의 소유자를 만나게 됐습니다. 병원 영안실에서 사체를 깨끗이 수습해주는 일을 하던 사람이었죠. 저는 "매장 근무 경험도 없는데, 이 일을 잘하실 수 있겠습니까?" 하고 물었습니다. 그런데 그의 대답이 아주 인상적이었습니다.

"저는 대한민국에서 제일 잘 웃습니다. 죽은 이들을 닦아주면서 '인생이 이렇게 유한한데 짜증내고 화난 표정으로 지낼 필요가 있겠느냐'는 생각이 들었습니다. 죽은 사람도 웃음으로 잘 모셨는데, 살아계신 고객님들이야 얼마든지 웃음으로 모실 수 있지 않겠습니까? 그러면 그 분들이 제 단골이 되시지 않을까요? 기회를 주십시오."

결국 저는 5명의 경력 지원자들을 제쳐두고 그를 뽑았습니다. 인사부서에서는 의외라며 난색을 표했지만 저는 그런 긍정적인 사고방식과 웃음이 몸에 배인 사람이라면 이떤 이려움도 충분히 잘 극복해나가리라는 믿음을 선택했습니다. 그리고 소매 분야에서는 경험도 없는 그를 덜컥 용인지역에 있는 지점으로 발령을 냈지요.

그런데 놀라운 일이 벌어졌습니다. 그는 입사 2개월 만에 월 매출 1억 5,000만 원을 달성하더니, 전국에서 최단 기간 최대 매출을 기록하는 주인공이 된 것입니다. 당시 그는 고작 나이 27세의 총각이었습니다. 나는 그를 다시 불러서 어떻게 그렇게 성공할 수 있었는지 물었습니다.

"매장에 들어오는 고객은 크건 작건 수십만 원 이상이나 되는 제품을 구입하시는 분들입니다. 그래서 저는 차림새나 겉모양으로 그분들을 섣불리 판단하지 않고 항상 웃으면서 친절하게 응대했지요. 그랬더니 결국 제게서 물건을 구입해주시더라고요. 어떤 사람을 향해서든 웃으려고 많이 노력합니다. 짜증 나도 웃고 힘들어도 웃고 화나도 웃고…, 항상 웃으면 고객이 알아줍니다. 이게 무슨 기적인지는 모르겠습니다. 제품에 대해서 잘 몰라도 매일 하루 4~5팀씩, 이것저것 꼬치꼬치 물으며 몇 시간씩 저를 붙들고 있는 고객이라도 무조건 웃으면서 응대했습니다. 그렇게 하다 보니 보름도 안 돼서 매출이 1억 원을 넘더라고요."

'웃음'은 긍정 에너지를 발산합니다. 웃는 순간, 좋은 운이 나를 향해 모여들고 그 운이 또다시 긍정적인 운을 끌어들입니다. 이렇게 아주 쉽고 간단한 투자만으로도 우리의 하루가 몰라보게 달라지고, 성과도 눈에 띄게 올라가는 것입니다.

옛날부터 웃음은 '돈 안 드는 보약'이라고도 했고 '웃음이 있는 곳에 가난이 없다'고도 했습니다. 요즈음은 스트레스와 정신 질환 치료에까지 웃음이 동원되기도 합니다. 웃음을 통해 친근하고 행복한 바이러스를 널리널리 유포해봅시다. 이는 새삼 더 강조할 필요도 없이 돈과 성공을 부르는 아주 강력한 '습관'입니다.

진짜 미소 vs. 가짜 미소

인간의 '웃음'을 연구한 폴 에크먼Paul Ekman이라는 심리학자가 있었습니다. 그는 우리가 짓는 수많은 미소 가운데 특정한 근육이 움직이는 미소만이 행복을 느끼는 '진짜 미소'라는 것을 밝혀 낸 사람입니다. 인간의 얼굴에는 42개의 근육이 표정을 만들어 내는데, 그는 이 근육들의 움직임에 일일이 번호를 매겼지요. 예를 들어 코를 찡그리는 것을 9번, 위아래 입술을 꽉 다무는 것을 15번…, 하는 식으로 말입니다. 그렇게 해서 에크먼은 총 19가지의 서로 다른 모양의 미소를 찾아냈는데, 그 중 18가지는 '가짜 미소'라는 것입니다. 가령 썰렁한 유머를 듣고 난감해진 기분으로 예의상 짓는 미소라든가 사진을 찍기 위해 어색하게 짓는 미소, 자신의 악의를 감추기 위해 지어보이는 가장된 미소 등이 그것입니다.

우리가 진정으로 기뻐서, 행복해서 짓는 미소는 단 한 가지라고 합니다. 입술 끝이 위로 당겨질 뿐 아니라 두 눈이 안쪽으로 약간 모아지면서 눈가에 주름이 나타나고 두 뺨의 상반부가 들려지는 미소가 바로 그것입니다. 이때 눈가의 괄약근이라 불리는 안륜근이 수축되는데, 에크만은 이것을 프랑스의 심리학자 기욤 뒤셴Guillaume Duchenne의 이름을 따서 '뒤셴 미소'라고 명명했습니다. 뒤셴은 처음으로 눈 전체를 둘러싸고 있는 이 근육을 연구한 학자입니다.

결국 에크먼은 이 '뒤센 미소'만이 유일하게 참된 행복을 표현하는 것이라고 했습니다. '영혼의 달콤한 행복'이라 불리는 이 미소는, 우리의 작위적인 의지만으로는 표현할 수가 없습니다. 대부분의 사람들이 카메라를 응시하면서 자연스럽게 미소를 짓는데 실패하는 이유가 이것입니다.

그렇다면 어떻게 웃어야 상대를 존중하고 사랑하는 마음을 표현할 수 있을까요? 그리고 어떻게 해야 웃음을 생활화할 수 있을까요?

• 속으로 '와아~ 신난다!' 하고 생각하며 웃어요.

사람을 만날 때는 상대를 향한 마음, 진정한 감사와 환영의 마음이 바깥으로 표현되어야 합니다. 즉 표정과 음성, 심지어는 숨소리에도 상대를 기분 좋게 하는 웃음이 배어 나와야 합니다. 누군가를 크게 환영해야 할 때는 치아가 완전히 보이도록 '활짝' 웃는 것이 좋습니다. 양쪽 입 꼬리가 살짝 올라간 반달 모양이 되도록 얼굴 가득 활짝 웃으며 상대방을 반기는 기쁨이 얼굴에서 곧바로 표현되도록 해야 합니다. 사실 웃는다는 것은 아무리 연습을 해도, 아니 어떤 경우에는 연습을 하면 할수록 쉽지 않을 수도 있습니다. 그럴 때는 마음으로부터 '웃는다'는 신호를 보내면 도움이 됩니다. 마음이 웃지 않는데 표정만 웃을 수는 없기 때문입니

다. 언제든 크게 웃으려면 상대를 향한 '기쁜 마음'이라는 준비물
이 필요합니다(이때 연습할 수 있는 방법은 속으로 '와아~ 신난다!' 하
고 외치면서 웃어보는 것입니다. 기분을 바꾸는 것만으로 훨씬 자연스러
운 웃음이 우러나올 것입니다).

• 웃는 습관을 생활화하세요.

자기 딴에는 웃으며 밝은 표정으로 대했다고 생각하지만 상대
가 그렇게 느끼지 않는다면 그렇지 않은 것입니다. 매장 종업원
들을 지도하다 보면 자기는 화낸 적도 딱딱한 표정을 지은 적도
없는데, '미스터리 쇼핑 평가'(이른바 가짜고객을 투입하여 평가하는
방법)의 결과가 엉뚱하게 나왔다고 항변합니다. 그런 직원에게
거울을 보면 알 것이라며 지적해서 고쳐준 적도 있습니다. 웃는
다는 것은 숱한 연습과 훈련도 필요하지만, 근본은 마음에서부터
연유합니다.

지금도 저는 매장에 근무할 직원을 뽑을 때는 아무리 바쁘더라
도 인사부서에만 맡겨두지 않고 직접 면접을 봅니다. 직원을 채
용하기 위해 인터뷰를 할 때 알게 모르게 몸에 배인 습관은, '이
친구의 인상이 잘 웃는 상인가 아닌가'를 따져보는 것입니다. 웃
는 데 익숙해져 있는 사람은 고객과의 상담에서 거의 성공하기 때
문입니다.

• 웃음을 널리 퍼뜨리세요.

여러분도 즐겨봤을 ‘거침없이 하이킥’이란 시트콤이 있었습니다. 내용도 물론 재밌었지만, 여러 가지 파격적인 시도로 주목받았던 작품이지요. 저는 그 내용도 내용이지만 특히 끝날 때 자막으로 올라가는 제작진들의 이름을 보고 배꼽을 잡았습니다. 일반적으로 연출 누구, 각본 누구, 조명 누구 등 본명을 쓰는데, 이 시트콤의 제작진들은 실명이 아닌 애칭으로 소개됩니다. ‘제작 : 제리 뽈록하이머’, ‘프로듀서 : 용가뤼, 김퓌디’, ‘연출 : 스텐레스 김, 하마파마, 서필벅’ 등등…, 기발한 닉네임으로 자신들을 표현하고 있었습니다. 이렇게 재기발랄하고 유머러스한 사람들이 만드는 작품이라는 생각에 드라마가 더 재밌게 느껴졌지요.

우리도 친구나 가족에게 재밌는 닉네임을 붙여주면 어떨까요? ‘검색대왕’, ‘꼼꼼대장’, ‘깨끗도사’, ‘새벽전사’ 등과 같은 식으로 말입니다. 자기가 가장 잘할 수 있는 일을 가장 크게 성장시키는 것이 신바람을 불러일으키는 원동력입니다. 그리고 가족, 친구, 이웃 등에게 재미있는 별명을 붙여 부르다 보면 왠지 더 친근감이 느껴지고 생활 자체가 즐거워질 수 있습니다.

유대인들에게는 ‘프림’이라는 명절이 있습니다. 옛날 페르시아 제국의 박해를 잊지 않기 위해서 해마다 봄이 되면 대대적으로 열리는 행사인데, 유대인들은 이 날 ‘헤망’이라는 과자를 즐겨 먹는다고 합니다. 헤망은 옛날 페르시아 재상의 이름을 딴 것으로, 이날 하루만이라도 원수를 와작와작 깨물어먹고 승리감을 맛보자는 의도지요. 비록 과자일망정 미워하는 사람의 이름을 붙여 먹어버린다는 재미있는 발상, 이런 유머감각 때문에 유대인들을 '웃음의 민족'이라고 부르는지도 모르겠습니다.

유대인들은 서로 만날 때면 반드시 농담을 한 마디씩 건네는데, 이는 농담을 통해서 두뇌훈련이 된다고 믿기 때문입니다. 또 새로운 발상법과 자유분방한 정신도 이를 통해 길러진다고 믿습니다. 오랜 기간 박해를 받으면서도 결코 좌절하거나 절망하지 않았던 유대인들의 밑바탕에는 바로 웃음과 해학의 여유가 있었던 것입니다.

웃는 것을 좋아하지 않는 사람은 없습니다. 웃음은 인류가 할 수 있는 가장 행복하고 건강한 활동입니다. 코미디언 빅토르 보르쥬Victor Borge는 "웃음은 좋은 관계를 맺게 해주는 지름길"이라고 말했습니다. 누가 뭐라 해도 웃음은 삶의 질을 높여주는 위대한 선물이며, 우리가 마음먹기에 따라 아주 쉽게, 자주 얻을 수 있는 것입니다.

승리의 습관,
끝까지 물고 늘어진다

진정한 스타, 진정한 프로는 시간이 흐를수록 더욱 진가를 발휘합니다.
그들은 잘나갈 때를 오히려 위기라고 판단하고 훈련의 고삐를 바짝 잡아당깁니다.
결코 '만족'이라는 따뜻한 요람에 머무르지 않죠. '이 정도면 됐다'고 만족하는 순간부터
쇠퇴는 찾아옵니다. 딱 한 번만 더 해보면 되는데, 1m만 더 가면 되는데,
대부분의 사람들이 성공의 목전에서 주저앉고 맙니다.

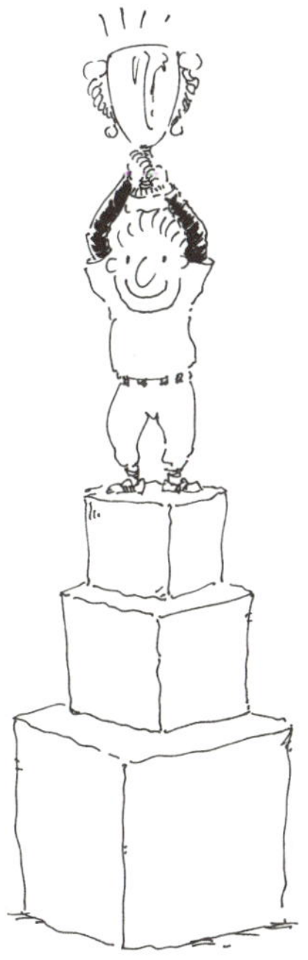

고통이 따르는
창조적 혁신을 즐겨라

성을 쌓고 사는 자는 반드시 망할 것이며,
끊임없이 이동하는 자만이 살아남을 것이다.
— 칭기즈칸Chaingiz Khan

과거의 실수에서 배우고 과거의 성공에 기대지 말라.
— 데니스 웨이틀리Denis Waitley, 미국의 저술가

세계적인 프로 골프선수 타이거 우즈Eldrick Tiger Woods를 아시나요? 그는 20대에 일찌감치 전 세계 골프대회를 제패하고 1997년도까지 한 번도 마스터즈 대회에서 우승을 놓친 적이 없었습니다. 300야드라는 경이로운 드라이브샷 비거리에다, 퍼팅했다 하면 무조건 인in이 되곤 했던 1997년, 그것도 2위와 엄청나게 큰 격차로 우승을 차지한 직후에 그는 코치에게 전화를 걸어 청천벽력 같은 소리를 합니다.

"내 경기의 비디오테이프를 보니 스윙이 너무 엉망이네요. 아무래도 스윙 방법을 바꾸어야겠어요."

기가 막힌 코치는 "아니, 스윙 방법을 바꾼다고요? 그걸 바꾼다는 건, 아예 골프를 처음 배우는 사람보다 수십 배는 더 어렵다는 걸 몰라서 그래요? 게다가 새로운 스윙 방법에 적응할 때까지 우승은 꿈도 못 꾼다고요. 그래도 괜찮단 말입니까?" 하고 말했습니다.

그러나 코치도 타이거 우즈의 결심을 꺾을 수는 없었습니다. 결국 우즈는 2년 동안 피나는 연습을 통해 새로운 스윙 방법을 익혔습니다. 물론 그 2년 동안 우승은 거의 하지도 못했고요. 그러나 오래지 않아 그의 과감한 도전과 피나는 훈련은 진가를 발휘하기 시작했습니다. 결국 그는 지금까지 역대 최고의 골프 황제 자리를 지킬 수 있게 된 것입니다. 오늘날 타이거 우즈는 이렇게 회고합니다.

"당시 스윙 방법을 그대로 유지했다면, 그 후 몇몇 경기에서는 우승할 수 있었을지도 모르지요. 하지만 지금처럼 장기적으로 살아남지는 못했을 것입니다."

한때 명성을 날렸던 스포츠선수나 스타들이 오래지 않아 대중의 기억에서 까마득히 잊히게 되는 경우를 많이 봅니다. 잘나간다고 방심하여 훈련을 게을리 하거나, 과거의 방법만을 고집하다가 경쟁에서 낙오되어버린 거죠. 반면 진정한 스타, 진정한 프로는 시간이 흐를수록 더욱 진가를 발휘합니다. 그들은 잘나갈 때를 오히려 위기라고 판단하고 훈련의 고삐를 바짝 잡아당깁니다. 결코 '만족'이라는 따뜻한 요람에 머무르지 않습니다. 그들은 보이지 않는 기회, 변화의 바람소리를 미리 듣고 먼저 움직입니다. 잠깐의 성공에 안주하는 순간, 쇠퇴는 시작됩니다. 이기는 사람, 진정한 프로가 되기 위해서는 고통이 따르는 창조적 혁신을 기꺼이 즐겨야 합니다.

창조적 혁신을 위한 첫 번째 단초는, 과거의 성공을 해체하는 것입니다. 성공을 바라는 많은 사람들이 과거의 영광과 연결된 끈을 놓지 못합니다. 그 끈을 움켜쥐느라 자신을 해방시키지 못하고 계속해서 액셀러레이터를 밟아댑니다. 그러므로 '내가 예전엔….' 하는 생각은 제일 먼저 갖다버려야 할 생각입니다.

여러분의 친구들 중에도 '초등학교, 중학교 시절엔 공부 잘했는데….' 하면서, 자신의 현재 모습을 인정하기 싫어하는 친구가 있을지도 모르겠습니다. 어른이 되어도 어딜 가나 그런 사람은 꼭 있게 마련이죠. 그런데 그런 친구들은 자신이 모르는 것을 잘 물어보려 하지 않습니다. 예전에 잘했던 것만 생각하다 보니 자존심 상할까봐 염려합니다. 진정한 자존심은 어깨에 힘 빼고 '예전'의 영광도 잊고서 지금 이 순간, 가슴을 열고 새로운 지식을 받아들이는 겁니다.

기업이든 개인이든 흥망성쇠를 살펴보면, 망하는 개인과 망하는 기업의 특징은 서로 닮은 데가 많습니다. 첫째, 망하는 회사는 고객이나 시장이 변화하는 속도를 앞서가기는커녕 따라잡지도 못합니다. 둘째, 소소한 성공에 기고만장해서는 현실에 안주해서 새로운 변화를 모색하지 않습니다. 셋째, 단시일 내에 성공하려고 서두르다 보니, 눈앞의 성공에만 연연해서 장기적인 성공, 규모가 크고 오래 지속되는 창대한 성공을 이루어내지 못합니다.

왜 한때 최고를 구가했던 많은 기업들이나 스타들이 과거의 영광을 뒤로 하고 몰락해갔을까요? '이 정도면 됐다'고 만족하는 순간부터 쇠퇴는 찾아옵니다. 영원한 성공의 룰rule은 없습니다. 시대의 움직임에 따라 변화하는 포인트를 포착하기 위해서는 오로지 스스로 실행해보고 검증해보는 수밖에 없습니다. 몸소 부딪혀보고 겪어보는 데서 출발해야 합니다. 농경사회에서는 체력이 국력이었고 산업사회에서는 규격화된 인재가 중요했지만, 지식정보화사회에서는 디지털·글로벌·유비쿼터스 인재가 필요합니다. 이에 따라 변화의 거대한 파도를 즐겁게 타는 것, 즉 '움직이는 것'의 중요성이 하루가 다르게 강조되고 있습니다. 21세기는 IQ와 EQ를 넘어 CQ(Change Quotient)의 시대라고 하죠? 주체적으로 변해야 하고, 그 변화에 적응해야 하며, 나아가 변화를 선도해야 합니다. 변화에 적응하고 앞서가기 위해서는 기존의 상식과 습관의 틀을 깰 줄 아는 지혜, 패러다임을 바꿀 줄 아는 용기가 필요합니다. 그 키워드가 바로 '창조적 혁신'입니다.

삶을 좀먹는 달콤한 바나나를 버려라

창조적 혁신을 위해서는 우선 달콤한 유혹과 잘못된 습관에서 빠져나와야 합니다. 누구나 하나씩은 자신의 삶을 좀먹는 좋지 않은 습관을 가지고 있습니다.

여러분은 아프리카 사람들이 원숭이를 어떻게 잡는지 아시나요? 그 방법은 의외로 간단합니다. 우선 목이 좁은 항아리 안에 원숭이가 좋아하는 바나나를 넣어놓고 항아리를 잘 고정시켜두기만 하면 됩니다. 그러면 지나가던 원숭이가 바나나를 꺼내려고 항아리에 손을 집어넣습니다. 그런데 바나나를 쥔 채로는 항아리에서 결코 손을 빼낼 수 없습니다. 사람들이 자신을 잡으러 다가오는데도 먹을 것을 놓치기 싫어 원숭이는 항아리에서 손을 빼지 못하고, 결국은 잡히고 맙니다. 그냥 바나나를 놓아버리면 될 것을, 자신의 삶이 송두리째 무너질 게 뻔한데도 눈앞의 작은 바나나 하나를 버리지 못하는 것이죠.

혹시 우리도 원숭이처럼 눈앞의 바나나를 놓아버리지 못하고 있는 건 아닐까요? 무언가를 꽉 쥐고 놓지 않으려 하거나 그것 없이는 살 수 없다고 스스로를 속이고 있는 건 아닐까요? 자신의 삶을 갉아먹는 사람이라는 걸 뻔히 알면서도 그 사람과의 관계를 지속하는 것은 아닌가요? 사람들은 잘못된 믿음을 고수하기도 하고, 자기 스스로도 나쁜 습관이라는 걸 잘 알면서도 버리지 못하죠. 결국 우리가 고집하는 것은 지금 가지고 있는 것, 즉 안전하고 안정된 것, 익숙한 것들뿐입니다. 때로는 그것이 바람직하지 않고, 행복한 삶에 장애가 되리라는 걸 잘 알면서도 끝끝내 집착을 버리지 못해요. 마음은 현실을 넘어 더 나은 곳을 향해 가고 싶은데, 우리 행동은 지금 있는 곳에, 과거의 모습에 머무르고 싶어 합니다. 혹시 여러분도 손에 쥔 바나나를, 습관과 편안함, 익숙함이라는 과거를 꽉 붙들고 있나요? 마음속으로는 버리고 싶은데도 지금 여러분이 쥐고 있는 바나나는 무엇인가요?

찰스 다윈Charles Darwin의 《진화론》에는 다음과 같은 구절이 나옵니다.

"결국 살아남는 종은 강인한 종도 아니고, 지적 능력이 뛰어난 종도 아니다. 종국에 살아남는 것은 변화에 가장 잘 대응하는 종이다."

시련은 가장 귀중한 인생의 보약이다

시련이 크면 클수록 성취의 영광은 커지는 법이다.
— 몰리에르Moliere, 프랑스의 작가이자 배우

당신은 언제든 당신이 원하는 순간에 새롭게 출발할 수 있다.
우리가 '실패'라고 부르는 이것은 넘어지는 게 아니라 잠시 동안만 멈추는 것이니까.
— 메리 픽포드Mary Pickford

곤경의 한가운데에 기회가 놓여 있게 마련이다.
— 아인슈타인Albert Einstein, 미국의 이론물리학자

두 친구가 일요일 예배를 마치고 교회 문을 나섰습니다. 그런데 밖으로 나오자마자 하늘이 갑자기 어두워지더니 비가 퍼붓기 시작했습니다. 두 친구는 어쩔 수 없이 교회 처마 밑에서 비를 피하기로 했습니다. 시간이 한참이나 흘러도 비는 그칠 기미를 보이지 않았습니다. 한 친구가 조바심을 내며 다른 친구에게 물었습니다.

"도대체 이 비가 그치기는 할까?"

그러자 다른 친구가 말했습니다.

"자네, 그치지 않는 비를 본 적이 있나?"

살다 보면 영원히 끝나지 않을 것 같은 시련과도 부닥치게 됩니다. 그러나 '그치지 않는 비는 없다'는 말처럼 인생에서 끝나지 않는 시련은 없습니다.

성공의 의미를 각자 다르게 해석할 수 있지만, 일반적으로 약삭빠르고 총명하며 부유한 사람보다는, 가난하고 어려운 환경에서 수없이 넘어지고 일어서며 다시 도전한 사람들이 더 크고 값진 성공을 거두게 되는 것을 봅니다. 큰 성공은 시련을 딛고 올라서야만 성취될 수 있는 '역경의 산물'이기 때문입니다. 그러므로 어떤 좌절과 실패에도 낙담하지 않고 묵묵히 자신의 목표를 향해 한결같은 노력을 견지해야만 합니다. 시련을 극복하는 과정의 역경지수가 높아질수록 여러분의 인내지수도 높아지고 열정지수도 높아져, 체질적으로 '이기는 습관'에 가까워지니까요. 큰 성공은 다름 아닌 '시련의 퇴적물'로 이루어진다는 것을 다시 한 번 기억해야 하겠습니다.

로마의 철학자 세네카Seneca는 "가난이 짐이라면 부유함 역시 짐이다. 병든 사람을 나무침대에 눕히느냐 금으로 만든 침대에 눕히느냐는 중요하지 않다. 어딜 가든지 병든 사람은 병을 가지고 갈 것이기 때문이다."라고 말했습니다. 빈센트 반 고흐Vincent van Gogh는 평생 궁핍한 삶을 살았고, 며칠씩 끼니를 굶어가며 그 돈으로 물감과 캔버스를 살 때도 있었다고 합니다. 지금 그의 그

"자네, 그치지 않는 비를 본 적이 있나?"

살다 보면 영원히 끝나지 않을 것 같은 시련과도 부닥치게 됩니다.

그러나 '그치지 않는 비는 없다' 는 말처럼 인생에서 끝나지 않는 시련은 없습니다.

림은 어마어마한 가격으로 팔리고 있지만, 살아 있는 동안에는 단 1점밖에 팔지 못했습니다. 고흐는 평생을 가난에 허덕이며 살았지만, 그럼에도 불구하고 그는 오로지 자신의 작품에 독창성과 차별성을 불어넣기 위해 열정을 다 바쳤다고 합니다.

우리가 잘 아는 미켈란젤로 역시 외롭고 가난한 삶을 살았습니다. 그는 "내 그림은 나의 아내이며, 내 작품은 나의 아이들이다."라고 할 만큼 작품에 대한 애정과 자부심이 대단했고, 그만큼 완성도 있는 작품을 만들기 위해 디테일부터 스케일까지 혼신의 힘을 기울였습니다.

대개 크고 위대한 일일수록 쉽게 이루어지지 않는 법입니다. 하지만 장애물과 역경에도 불구하고 그것을 성취했다면, 그 다음에는 급격하게 성장해 있는 자신을 발견하게 될 것입니다. 1929년 일본 마쓰시타 전기공업을 창립한 마쓰시타 고노스케松下幸之助에게 이느 기자가 물었습니다. "마쓰시타 전기의 비전을 정할 때 어느 정도 멀리 보고 정하셨습니까?" 그러자 마쓰시타는 "250년입니다."라고 대답했습니다. 다시 기자가 "그 비전을 성취하려면 무엇이 가장 필요합니까?"라고 물었더니 마쓰시타가 이렇게 대답했습니다. "바로 '끈기'입니다."

그렇습니다. 어떠한 영광과 성공도 쉽게, 성급하게, 빨리 오지 않습니다. 그 과정에는 수많은 희로애락과 땀과 좌절, 달콤한 유혹이 허들경기의 장애물처럼 곳곳에서 우리를 기다리고 있습니다.

일본의 어느 상업고등학교에서는 학생들이 졸업하기 전에 쓰레기장 청소나 동물 사육장 배설물 치우기 등 사람들이 가장 싫어하는 일, 최악의 밑바닥 일이라고 생각하는 일을 필수적으로 경험하게 한다고 합니다. 그 일을 성공적으로 완수해내지 못하면 졸업도 못하는 거지요. 그래서인지 이 학교 출신 학생들은 직장에 들어간 후에도 이직률이 적고 웬만한 시련에는 쉽사리 굴복하지 않는 강인함을 가지고 있다고 하더군요.

우리 주변에서 흔히 영웅담처럼 전해지는 사람들의 성공 이야기를 들어보면 몇 가지 공통점을 발견할 수 있습니다.

• 첫 번째는 누구보다 많은 시련을 겪었다는 것입니다.

'부자 3대 가지 않는다'는 말이 있습니다. 이게 무슨 뜻이냐면, 할아버지 세대에 부잣집이어도 아버지 세대, 손자 세대로 내려오면 부와 재산을 유지하지 못하고 탕진해버린다는 것입니다. 모든 것이 잘 갖춰진 안락한 환경에서 온실 속의 화초처럼 나약하게 자란 아버지 세대, 손자 세대가 세상의 험한 파고를 견뎌내지 못하기 때문입니다. 그래서 할아버지 세대에서 가지고 있던 재산으로 2대까지는 그럭저럭 버틸지 몰라도 3대에 가면 그마저 다 탕진하게 된다는 얘기지요. 이 말은 시련을 모르고 자란 사람들은 그만큼 근기나 집념, 투지와 같은 경쟁력이 없다는 뜻이기도 합니다.

반면에 어린 시절부터 많은 시련을 겪은 사람들은 그만큼 강인한 정신력과 내성을 갖추어, 다른 사람들이 작은 실패로 좌절하거나 도전 앞에서 웅크리고 몸 사릴 때도 오히려 이를 성공의 발판으로 삼아 더 큰 성공을 쟁취해내는 것입니다.

• 두 번째는 작은 성공에 안주하지 않았다는 것입니다.

군인이 치열한 전투에서 한 번 승리하고 나서 너무 많은 휴식을 취하고 나면 다음 전쟁에서 패배할 가능성이 높다고 합니다. 등산 하는 사람들에게 가장 위험한 순간도 올라가는 동안이 아니라, 정상에 도착한 직후라고 합니다. 정상에 오르자마자 긴장을 놔버려서 실족하거나 다칠 확률이 높아지기 때문입니다.

저도 학창 시절에 하루 시험을 잘 보면 이상하게도 그 다음날은 시험을 망치는 경우가 많았습니다. 고작 한두 과목 잘 본 것을 가지고 마치 어마어마한 성공이라도 한 듯이 안심하고 자만에 빠져 다음날 시험 준비를 소홀히 했기 때문이죠. 작은 성공이 주는 달콤함이 더 큰 성장의 걸림돌이 된다는 것을 늘 명심해야 합니다.

인생은 마라톤과 같습니다. 출발점에서 스타트가 빨랐다거나, 반환점에 먼저 도착했다고 자만하고 게으름을 피우면 나머지 구간을 제대로 완주할 수 없습니다. 꼭 1등이 아니더라도 목표를 향해 자신만의 페이스를 잃지 않도록 몰입하고 집중하는 사람만이 '완주'라는 진정한 성취의 기쁨을 맛볼 수 있습니다.

• 세 번째는 시련을 학습의 대상으로 삼았다는 것입니다.

그들은 고난과 시련을 고통과 좌절로 받아들이지 않고 오히려 변화와 성공을 위해 꼭 필요한 '경험'으로 받아들였습니다. 모든 일에는 순서와 단계가 있습니다.

처음부터 다 잘하는 사람은 없습니다. 누구나 처음에는 아무것도 모르는 초보자죠. 스키를 배울 때를 생각해볼까요? 처음부터 가파른 상급자 코스에 무작정 올라가는 사람은 없습니다. 우선은 스키를 신고 벗는 법이라든지 폴을 잡는 법, 발의 자세 등을 먼저 배운 후 초급자 코스에서 넘어지고 주저앉고 눈밭을 뒹굴다가 점점 중급자, 상급자 코스로 갑니다. 그런 일은 거의 없지만, 만약 초급자 코스를 거치지 않고 바로 상급자 코스로 간 사람이 있다면, 그는 즐겁게 스키를 타기는커녕 무모하게 내려오다가 큰 부상을 입을지도 모릅니다. 우리의 삶도 마찬가지가 아닐까요? 완만하고 안전한 초급코스에서 넘어진 작은 실패와 시련의 기억이 있었기에 상급코스에서도 자신감을 갖고 도전할 수 있습니다. 설령 넘어지더라도 큰 부상 없이 다시 일어설 수 있고요. 그 모든 것은 실패를 미리 경험해보았기 때문입니다.

그런데도 처음 배울 때 조금 넘어진 기억 때문에 다시는 스키 탈 엄두를 못 내는 사람들이 있습니다. 벌떡 일어서서 엉덩이에 묻은 눈을 툭툭 털어내면 될 일을 그대로 주저앉아 엉엉 울어버리는 사람들도 많습니다. 여러분은 어느 쪽인가요?

경험을 해본 사람만이 그 일을 진정으로 알 수 있고, 시련을 겪어본 사람만이 시련을 겪는 사람의 마음을 이해할 수 있습니다. 그래서 시련은 우리에게 더 넓은 안목과 아량, 지혜를 가져다줍니다. 내가 처해 있는 모든 환경과 내가 겪어내는 모든 시련이 오히려 나에게 세상을 가르쳐주는 '학습'의 기회이자 장임을 알아야 하겠습니다.

유명한 과학자이자 발명가인 찰스 프랭클린 캐터링Charles Franklin Kettering은 자신의 연구실 벽에 다음과 같은 글을 붙여놓았다고 합니다.

"성공을 가져오지 말라. 그것은 나를 약하게 만들 뿐이다. 문제를 가지고 오라. 그것이 나를 강하게 만든다."

바탕 없는 재기발랄함은 수명이 짧다, 성실함을 견지하라

현인이라 하더라도 지식을 자랑하고 뽐내는 자는
무지를 부끄러워하는 어리석은 자만 못하다.
– 《탈무드》

사람이 지혜가 부족해서 일에 실패하는 경우는 적다.
사람에게 늘 부족한 것은 성실이다.
– 벤자민 디즈레일리Benjamin Disraeli, 영국의 정치가

안영晏嬰은 춘추시대 제齊나라의 명신으로, 그 재능과 능력이 출중해서 제나라를 천하의 강국으로 만드는 데 지대한 공헌을 했습니다. 그런데도 그의 겸손한 언행은 공자에게도 영향을 미칠 정도여서 '안자晏子'라는 경칭까지 붙여졌지요.

어느 날 안자가 마차를 타고 외출을 했습니다. 네 필의 말이 끄는 안자의 마차가 지날 때마다 사람들은 길을 비키거나 엎드려 그에게 존경을 표했지요. 마차가 집 앞을 지나간다는 소식을 들은 마부의 아내가 문틈으로 살며시 내다보았습니다. 그런데 재상인 안영은 몸을 앞으로 숙이고 다소곳이 앉아 있는데 마부인 자기 남

편은 마치 자기가 위대해진 듯 착각하여 목을 뻣뻣이 세우고는 아주 위세 등등한 표정으로 말채찍을 휘두르고 있었습니다. 마부가 집에 돌아왔을 때 아내는 남편에게 말했습니다.

"나는 당신을 떠나겠어요."

느닷없는 아내의 선언에 마부는 놀라 그 까닭을 물었습니다. 그러자 아내가 이렇게 대답했습니다.

"당신의 주인께서는 키가 여섯 자도 못 되는 분이시지만 제나라의 정승이 되어 이름이 천하에 높습니다. 그런데도 그 분은 항상 스스로 몸을 낮추고 계십니다. 하지만 당신은 키가 팔 척이나 되지만 몸은 남의 말이나 끄는 하인이며, 그러면서도 스스로 우쭐하여 거만하기가 이를 데 없습니다. 당신 같은 사람과는 더 이상 살고 싶지 않습니다."

이에 마부는 아내에게 백배 사죄하고 다시는 거만하게 굴지 않겠다고 맹세했습니다. 얼마 뒤에 마부의 태도가 싹 달라진 것을 알게 된 안자가 그 까닭을 물었습니다. 이에 마부가 자세하게 전말을 고하니, 안자는 크게 기뻐하면서 마부를 대부大夫로 삼았다고 합니다.

안자지어晏子之御, 즉 '안자의 마부'라는 말은 이렇게 해서 생겨났다고 합니다. 변변치 못한 지위나 재능을 믿고 우쭐대는, 기량이 작은 사람을 일컫는 말이지요.

물은 깊을수록 소리가 없다

'벼는 익을수록 고개를 숙인다', '물이 깊을수록 소리가 없다'는 속담이 있습니다. 살다 보니 이 말만큼 딱 들어맞는 말도 많지 않은 것 같습니다. 저 역시도 돌이켜보면 작은 성공에 우쭐하거나 보잘것없는 능력을 믿고 자만에 빠진 적이 얼마나 많았었는지요. 경험이 쌓일수록, 알면 알수록 신중해지고 겸손해지며, 책임감이 커질수록 마지막 한 뼘까지 고민하게 됩니다. 혹시 자신이 놓친 것은 없는지, 더 잘할 수는 없었는지, 더 좋은 대안이 있지는 않았는지 밤새 치열하게 고민하게 되는 거지요. 그래도 안 되면 많은 사람들에게 털어놓고 공개적으로 고견을 구하기도 합니다.

차라리 아예 모르는 게 낫지, 적당히 알고 적당히 능력 있을 때가 더 문제입니다. 알량한 자기 지식을 믿고, 모든 일을 독선적으로 결정하고 폐쇄적으로 진행하기 때문입니다. 그런 사람들은 주위 사람들이 조언을 하거나 조그만 불만이라도 표현할라치면 마치 자신의 '성역'을 침범당한 것처럼 발끈하곤 합니다.

이런저런 사람들을 만나고 겪어오면서 느낀 점 하나는, 적당히 능력 있는 사람들보다는 차라리 능력이 좀 모자라다 싶은 사람이 성공할 확률이 높다는 것입니다. 아주 탁월한 것도 아니고 그럭저럭 적당히 유능한 사람들은 교만해지거나 독선적으로 변하기 쉽습니다. 물론 처음엔 그들이 남들보다 배우고 익히는 게 좀 빨라 보이는 듯하지요. 하지만 시간이 지나면 그들의 능력은 금세 바닥나고 한계가 드러납니다. 어느 수준 이상으로는 향상되지 않는 겁니다. 아니 오히려 점점 안 좋아지는 경우도 많지요.

왜 그럴까요? 무릇 자신의 변변치 않은 재주나 그저 남보다 조금 뛰어난 정도의 능력을 믿고 우쭐대거나 교만하게 구는 사람 주위에는 '사람'이 없습니다. '사람이 없다'는 말이 무슨 뜻일까요? 쉽게 말해, 진정으로 나를 아껴주고 나를 도와주고 나와 함께하고자 하는 사람이 없다는 겁니다. 지금은 당장 '나'의 능력이나 지위에 눌려 하고 싶은 말도 못하고 짐짓 따라주는 척하지만, 정작 사람들은 마음속으로 내가 '넘어질 날'만 손꼽아 기다립니다. 그러다 보니 '나'에게 진심으로 충고해주는 사람은 점점 없어져가죠. "원래 잘나서 독선적으로 행동하는 사람인데 우리가 얘기한다고 듣겠어?"라고 생각하는 겁니다.

아무리 뛰어난 사람이라도 혼자 생각하고 배우는 데는 한계가 있는 법입니다. 부모나 선생님은 물론이고 선배나 친구들로부터, 그리고 심지어는 후배들이나 동생들에게도 배워야 할 게 너무나 많습니다. 그런데 늘 잘난 척하는 사람들은 모르는 게 있어도 묻지 않습니다. 아니, 그런 사람들은 애초부터 모르는 게 없는 것같이 행동합니다. 사소한 질문에도 절대로 '모른다'고 대답하는 법이 없고, 잘 모르면서도 그냥 다 알고 있는 것처럼 우깁니다. 결국 시간이 갈수록 그 사람 앞에서는 아무도 입을 열지 않게 되고, 주위 사람들의 진심 어린 조언과 피드백을 얻지 못하니 일의 결과도 좋아질 수가 없지요. 딱 자기 아는 만큼, 딱 자기 수준만큼만 해내는 것입니다. 어느 책에선가 기린에 관련된 우화를 읽은 적이 있습니다. 물론 꾸며낸 이야기겠지만, 재미있어 한번 옮겨봅니다.

"원래 기린의 목은 지금처럼 길지 않았다고 한다. 단지 '곧게 뻗은 다리에 늘씬한 몸매, 멋진 그물 무늬 가죽에 약간 긴 듯한 목'이 인상적인 멋쟁이 동물이었을 뿐이다. 그러나 시도 때도 없이 튀어나오는 잘난 척하는 성격이 문제였다. 기린은 자신의 우아한 모습에 도취되어 주변의 동물들을 업신여기기 시작했다. 진흙탕 속의 하마를 지저분하다고 깔보고 뿌연 먼지를 일으키며 내달리는 타조를 보면 먼지가 묻을까 봐 고개를 한껏 뒤로 빼고 얼굴을 찌푸렸다. 이 때문에 기린은 점차 외톨이가 되어갔고, 그 때마다 그의 7개 목뼈 마디도 외로움과 기다림, 그리움으로 점차 늘어났다고 한다."

그 사람에게 진정한 재능과 열정이 있는지는 시간에 정비례해서 나타납니다. 진실로 유능하고 가슴 뜨거운 열정을 간직한 사

278

람들은 시간이 흐를수록 그 열정이 배가되지요. 그들은 프로라고 불리는 경지에 올라도 항상 자신에게 부족한 부분이 없는지 마지막 티끌 하나까지도 챙깁니다. 그리고 남들이 아무리 '이만하면 됐다'고 해도 스스로 '배가 고파서' 늘 끊임없이 자신을 성찰하고 학습합니다. 프로일수록 늘 겸손하고 개방적이어서 자신에 대해서든 자신의 일에 대해서든 좀더 많은 사람들의 의견을 구합니다.

이 세상의 수많은 지식 가운데 우리가 알고 있는 것이 과연 몇 %나 될까요? 아무리 뛰어난 사람이라고 해도 부족한 분야가 당연히 있습니다. 내가 선배이고 리더라도, 후배나 부하직원이 나보다 더 해박하고 지식이 많을 수도 있습니다. 그런데 진짜 유능한 사람, 스스로에 대해 긍지를 가지고 있는 멋진 사람들은 모르는 것은 모른다고 솔직하게 얘기합니다. 또 못하는 것은 못한다고 거리낌 없이 인정하지요.

교만한 것만큼 추한 것은 없습니다. 유대의 속담에 이런 말이 있습니다. "태양은 당신이 없어도 떠오르고 진다." 그렇습니다. 자신이 마치 이 세상, 이 우주의 중심인 듯 행동하지만 정작 이 광활한 우주에 비교해보면 우리는 미미한 티끌에 지나지 않습니다. 자만심을 가진 인간은 겸손함을 잃어버리고, 스스로를 개혁하고자 하는 마음까지도 사라져버립니다. 또한 자만하면 실수하기도 쉽습니다. 그래서 유태인들은 《탈무드》에서 자만을 '죄'라고 규정하지 않고 '어리석음'이라고 규정했지요. 긍지와 자만은

다릅니다. 긍지는 건전한 것이지만, 자만은 병적인 어리석음일
뿐입니다.

성실 없이 진정한 성공은 없다

방송에 데뷔한 지 30년이 넘도록 꾸준히 인기를 유지하고 지금
도 주요 프로그램의 메인 MC 자리를 차지하고 있는 방송인 임성
훈 씨. 늘 한결같은 그의 모습을 보면 '자기관리를 참으로 잘하
는 사람이구나' 하는 생각이 들곤 합니다. 마침 한 인터뷰에서 그
가 하는 말을 듣고 '역시 그러면 그렇지' 하고 고개를 끄덕인 기
억이 있습니다. 그는 인생을 살면서 항상 다음의 3가지를 가장
조심한다고 합니다.

첫째, 타성에 젖어 대충대충 하는 것
둘째, 교만해지는 것
셋째, 성실하지 못한 것

너무나 당연한 얘기지만 이 당연한 얘기를 제대로 실천하는 사
람이 얼마나 될까요? 성실하다는 것은 무슨 일이든 성심성의껏
마음을 다해 진지하게 임하는 자세를 말합니다. 대개 학교나 직
장에서 '성실한 사람'이라고 하면 지각이나 조퇴 없이 시간을 잘

280

지키는 사람, 혹은 시키는 일을 시간 맞춰 해내고, 선생님이나 상사의 말을 잘 듣는 그런 사람 정도를 떠올리기 쉽습니다. 물론 규범을 충실히 지키는 것도 매우 중요합니다. 그러나 좀더 깊이 파고 들어가보면, '성실함'이라는 말 속에는 누가 알아주든지 말든지 자신의 인생, 자신이 하는 일에 대해 진정으로 최선을 다하는 자세가 밑바탕에 깔려 있습니다. 깊은 곳에서부터 우러나오는 '최선을 다하는 자세'가 없다면 아무 소용없다는 말이죠. 껍데기만 성실한 것, 정확히 말해서 성실한 '척'만 하는 것이 과연 무슨 의미가 있을까요.

직장생활을 몇 년간 해오면서도 자신이 하는 업에 대한 기초적인 지식조차 제대로 습득하지 못하는 사람이 있는가 하면, 자신이 정말 제대로 일을 하고 있는 건지, 성과를 극대화하기 위한 다른 방법이 없는 건지 고민조차 안 하는 사람들이 수두룩합니다.

학생의 본업은 공부입니다. 그렇다면 자신이 지금 해야 할 본업이 무엇인지 깨닫고, 왜 공부를 해야 하며, 어떻게 하는 게 효율적인지를 스스로 고민하고 깊이 성찰해야 합니다. 점수를 따기 위해서, 석차를 올리기 위해서, 좋은 대학에 가기 위해서, 부모님께 보여주기 위해서 공부하는 게 아니라 좀더 바람직한 자신의 인생을 위해 배움을 게을리 하지 말아야 한다는 이야기입니다. 그래야만 진정한 실력이 몸에 붙고 학문의 즐거움을 깨닫게 됩니다.

여러분 중에는 공부에 도통 재능이 없거나, 다른 친구들보다 일찍 사회에 나와 기술을 연마하는 친구들도 있을 것입니다. 악기 연주에 재능이 있든, 무언가를 만드는 데 소질이 있든, 무엇이 되었든 현재 자신의 위치에서, 자신에게 주어진 과업을 기꺼이 즐거운 마음으로 수행해야 합니다. 이도저도 아닌 어정쩡한 상태로 아까운 시간과 젊음을 낭비하는 것만큼 어리석은 일은 없으니까요.

'성실함'이란 그 누구도 아닌 자기 자신에 대한 투자이자 약속입니다. 오늘, 내가, 여기에서, 할 수 있는 일과 해야 할 일에 대해 명확히 인식하고 철저하게 한 발짝 한 발짝 나아가는 사람에게만 하늘은 응답해줍니다. 조금만 더 참고 노력하면 하늘이 준비해둔 어마어마한 선물이 여러분 몫으로 돌아갈 겁니다. 그러므로 오늘, 이 순간, 여기서 할 일은 '지금 당장 이 자리에서' 끝내고야 말겠다는 자세가 필요합니다. 기분 내키는 대로 어떤 날은 열심히 했다가 또 어떤 날은 게으름 피우는 게 아니라 정해진 계획대로 객관적인 꾸준함과 일관성을 갖고 일을 전개해나가는 게 '성실'입니다. 일기를 쓰기로 했으면 매일 쓰고, 월별 학습 목표를 정했다면 월말이 다 돼서 발만 동동 구를 게 아니라 적절히 실행계획을 안배해서 목표를 차근차근 성취해나가는 것, 그것이 바로 '성실함'입니다.

불성실한 사람일수록 '열심히 하겠다', '최선을 다한다'와 같은 애매모호한 표현을 즐겨 씁니다. 심지어 스스로 계획을 세울 때조차도 '올해는 책을 많이 읽어야지', '올해는 공부를 열심히 해야지' 하고 두루뭉술하게 적어놓습니다. 약속을 지켰는지 못 지켰는지 검증할 수 없으니 이 말은 곧 지키지 않겠다는 말이나 다름없습니다.

성실한 사람은 계획을 세울 때부터 다릅니다. 자신이 얻고자 하는 위치나 자기가 해내고자 하는 일을 명확하게 정해두지요. 예를 들어 '1년에 50권, 한 달에 최소 4권 이상의 책을 읽고 독후감을 쓴다', '3개월 동안 영어성적을 20점 이상 올린다', '매일 아침 1시간 일찍 일어나 예습을 하겠다', '매일 저녁 엄마 설거지를 도와드리겠다' 등등 약속이행 여부를 판단하고 검증할 수 있는 가이드라인을 철저하게 정하는 것이지요. 정말로 그 목표를 이루고 싶다는 열망을 가졌기 때문입니다. 그리고 그것을 하루 단위로 쪼개 철저하게 지켜나갑니다.

고대 유대에서는 예시바(Yeshiva, 유대인들의 학교) 1학년을 '현자賢者'라 불렀고, 2학년을 '철학자哲學者'라 불렀다고 합니다. 그리고 최고 학년인 3학년이 되어서야 비로소 '학생學生'이라고 부른다고 합니다. 이러한 사실은 겸허한 자세로 배우는 자가 가장 높은 지위에 오를 수 있으며, 학생이 되려면 수년 동안 수업을 쌓지 않으면 안 된다고 하는 발상에서 비롯된 것입니다.

미켈란젤로는 자신을 향해 '천재'라는 칭송을 아끼지 않는 사람들에게 이렇게 말했다고 합니다.

"내가 지금의 경지에 이르기 위해 얼마나 열심히 일하고 또 일했는지 사람들이 안다면, 내가 하나도 위대해 보이지 않을 것이다."

집요하게 물고 늘어지는 자가
결국은 큰일을 이룬다

천재는 단지 인내하는 습관을 기른 사람일 뿐이다.
— 벤자민 프랭클린Benjamin Franklin, 미국의 정치인

우표처럼 되어야 해. 끈기 있게 달라붙어야 원하는 것을 얻지.
— 조시 빌링스Josh Billings, 미국의 유머작가이자 강연가

한 노스님이 젊은 스님들과 함께 긴 여정을 마치고 높은 산꼭대기에 있는 절로 되돌아가고 있었습니다. 뜨거운 여름 햇볕에 노스님은 땀을 뻘뻘 흘리면서도 후배스님들이 용기를 잃을까봐 안간힘을 다해 열심히 걸었지요. 가도 가도 끝이 없는 길을 계속 걷자니 다리도 아프고 너무 힘이 들어 주저앉고 싶은 마음뿐이었습니다. 그런데 산 중턱에 이르렀을 무렵, 산중 조그마한 동네 우물가에 여인네들이 물을 긷고 있는 게 보였습니다.

그런데 이를 본 노스님이 갑자기 뛰기 시작하더니 물동이를 이

고 가던 한 젊은 여인네를 와락 껴안으면서 입맞춤을 해버리는 게 아니겠습니까! 소스라치게 놀란 아낙네들은 큰소리로 동네 젊은 이들을 황급히 불러와 망령든 중놈 잡으라며 쫓아왔지요. 혼비백산한 젊은 스님들과 노스님은 걸음아 날 살려라 하며 절을 향해 마구 달렸습니다.

마침내 절에 도착하자마자 젊은 스님들은 기가 막힌다는 듯 "스님, 왜 그런 흉측한 짓을 하셨습니까?" 하고 물었습니다. 그러자 노스님이 빙그레 웃으면서 이렇게 대답했습니다.

"이보게나. 그렇게 하지 않았더라면 더 이상 걷지 못하고 주저앉아버리고 말았을 걸!"

살다 보면 누구나 이대로 주저앉고 싶은 때가 찾아옵니다. 가도 가도 끝이 없을 것 같고, 정말이지 도저히 더 이상은 버틸 수 없을 것만 같은 그런 순간들이요. 죽어라고 공부를 했는데도 성적이 제자리걸음일 때, 열심히 일을 했는데도 성과가 나오지 않을 때, 엎친 데 덮친 격으로 안 좋은 일만 계속 생길 때, 좋아하는 이성친구가 아무리 해도 내 마음을 받아주지 않을 때, 우리는 그 자리에 털썩 주저앉고 싶어집니다. 그러나 항상 성공은, 우리 눈에 잘 안 보여서 그렇지 바로 한 발짝 앞에 있습니다. 포기하고 싶은 그 순간, 그 지점 바로 앞에요. 딱 한 번만 더 해보면 되는데, 10cm만 더 가면 되는데, 대부분의 사람들이 성공의 목전에서 주저앉고 맙니다. 수십 번 슈팅을 해도 마지막 한 골, 마지막 마무리를 못하는 사람은 그래서 늘 성취의 기쁨을 누리지 못합니다.

맥도널드 사의 창립자인 레이 크록Ray A. Kroc 역시 이렇게 말했습니다.

"노력하라. 끈기를 대신할 수 있는 것은 세상에 아무것도 없다. 재능도 그것을 대신하지 못한다. 성과 없는 천재성은 한낱 유희에 지나지 않는다. 교육으로도 그것을 대신하진 못한다. 이 세상은 온통 박식한 직무유기자들로 가득 차 있다. 오직 인내와 결단력만이 전지전능한 힘을 갖고 있다."

아마도 어떤 분야에서건 성공의 반열에 오른 사람들은 대부분 이 말에 공감할 것입니다. 저 역시 직장인으로 경영자로 이 순간까지 살아오면서, 그리고 수많은 선후배들의 삶을 지켜보면서 열정과 끈기만이 궁극의 성취를 가져다준다는 깨달음을 얻었습니다.

성취는 포물선과 같은 원만한 상승곡선이 아닙니다. 대부분의 사람들이 중도에 포기하거나 힘들어하는 이유도 여기에 있습니다. 자신은 계속 노력을 하는데도 발전이 없는 것처럼 느껴지니까요. 성취는 계단식으로 옵니다. 즉 어느 순간까지는 아무런 발전도, 결과도 없는 것 같지만 어느 정도 임계 치에 다다르면, 한 계단을 훌쩍 뛰어오르듯이 갑자기 성장한 자신의 모습을 보게 되지요. 이는 우리가 운동을 해서 근육을 키우는 것과도 같은 이치입니다. 운동생리학자들은 운동을 해서 살을 빼거나 근육을 키우고자 할 때 최소 3주는 지나야 서서히 결과가 나온다고 합니다. 그리고 더욱 눈에 띄는 변화는 최소한 12주 후에야 나타난다는 겁니다. 다시 말해 11주까지는 그다지 큰 변화가 없는 것 같다가도, 12주에 이르면 1주일만에 지난 11주 동안 변한 것보다 훨씬 더 급격한 변화가 나타난다는 거죠. 그런데 많은 사람들이 그것을 못 견디고 짧게는 며칠, 길게는 몇 주만에 운동을 포기해버립니다. 그러고 나서 '운동해봐야 소용없더라'는 말을 하고 다닙니다.

또한 영어를 잘하는 사람들에게 비결을 물어도 공통적으로 하는 말이 있습니다. 어느 순간까지는 정말 죽어도 실력이 안 느는 것 같은데, 어느 날 갑자기 말문이 터지고 귀가 뚫린다는 것입니다.

세상 모든 일이 이와 같은 이치로 돌아가는 것 같습니다. 공부도, 일도 다 마찬가지입니다. 어느 순간까지 정말이지 발전이 너무나 더디고 힘겨운 것처럼 느껴지지만, 그 순간을 이겨내고 나면 비약적으로 성장하게 되는 자신을 발견하게 되니까요. 마치 나이테가 생겨나며 나무의 밑동이 자라듯이 이 성장통의 사이클은 보통 3개월, 1년, 3년, 5년, 10년 등의 획을 그리며 찾아옵니다.

한 청년이 부모에게 물려받은 전 재산으로 금광을 사들였습니다. 신념을 갖고 파기만 하면 노다지를 캘 수 있을 거라는 분명한 믿음에서였습니다. 청년은 모든 열정과 지혜를 동원해 땅을 파들어 갔지요. 그러나 몇 년이 지나도록 금맥은커녕 그 힌트조차도 찾지 못했고, 결국 파산 위기에 몰린 청년은 자포자기 심정으로 광산을 헐값에 팔아 넘겼습니다.

그런데 금광을 떠나고 채 1년도 되지 않았을 때 청년은 기가 막힌 소식을 전해 들었습니다. 자신의 광산을 인수한 새 주인이 땅을 한 치 정도 파고들어갔을 때, 어마어마한 금맥이 기다렸다는 듯이 위용을 드러냈다는 것입니다. 새 주인은 노력도 돈도 별로 들이지 않고 큰 부자가 된 셈이죠.

청년은 화가 치밀어 올랐습니다. 자신에게 이런 운명을 안겨준 하늘이 원망스러웠죠. 밤마다 '그 광산을 팔지만 않았어도…' 하는 생각에서 벗어날 수가 없었고 금덩어리가 눈앞에 아른거려 잠을 이룰 수도 없었습니다. 당연히 아무 일도 손에 잡히지 않았지요. 그러나 청년은 곧 마음을 고쳐먹었습니다. '그래, 하늘은 나에게 이 교훈을 가르쳐주려 한 거야. 어떤 일이든 한 치만 더 파고들자, 죽을 때까지 이 교훈을 잊지 말자.'

청년은 더 이상 후회만 하고 있을 수는 없다고 생각했고, 광산에서 배운 교훈을 곱씹어가며 보험판매원이 되었습니다. 그리고 고객들을 끈질기게 설득해 불가능하게만 보였던 계약을 하나둘 성사시켜나갔습니다. '한 치만 더'라는 신념으로 일한 결과 그는 1년 만에 '판매왕'의 자리에 올랐다고 합니다.

축구경기를 보다 보면 열심히 문전을 들락거리기는 한 것 같은데 결국 골로 연결시키지 못하고 끝나는 안타까운 순간들이 많습니다. 운동경기에서는 아무리 열심히 뛰어도 이기지 못하면 헛수고입니다. 마찬가지로 인생의 승패도 마치 축구처럼 골 결정력을 어떻게 획득하느냐에 달려 있습니다.

골 결정력이 낮은 사람을 보면 대부분 마무리가 약합니다. 오늘 해야 할 일이 내일로, 또 모레로 밀려납니다. 이 일도 찔끔, 저 일도 찔끔거리다 그마저 싫증나면 그냥 어정쩡하게 시간을 보냅니다. 결국 한 가지도 제대로 끝을 맺지 못하게 되죠. 무언가를 시작했으면 반드시 끝을 맺어야 합니다. 시간이 지나도 해결될 가망이 없으면, 과감히 버리거나 문제해결을 해줄 수 있는 전문가를 찾아 대안을 찾아야 합니다. 《당서》 문원전文苑傳에는 다음과 같은 이야기가 나옵니다.

당나라 시인 이백李白이 젊은 시절 훌륭한 스승을 찾아 입산하여 공부를 했습니다. 그러나 중도에 그만 싫증이 나서 아무 말 없이 산을 내려왔습니다. 그가 계곡의 어느 시냇가에 이르렀을 무렵 한 노파가 눈에 띄었습니다. 그 노파는 바위 위에 열심히 도끼를 갈고 있었습니다. 이백이 노파에게 물었습니다.

"지금 뭘 하고 계신 건가요?"

"도끼를 갈아서 바늘로 만들려고 하네."

"아니, 도끼를 간다고 바늘이 되겠습니까?"

"중도에 그만두지만 않는다면야 될 수 있지."

이 말을 들은 이백은 문득 깨달은 바가 있어서, 다시 산으로 올라가 공부를 계속했다고 합니다.

'마부작침磨斧作針', 즉 '도끼를 갈아서 바늘로 만든다'는 말은 여기서 유래되었다고 합니다. 세상의 어떤 것도 강한 의지를 대신할 수는 없습니다. 재능보다 앞서는 것이 열정과 의지, 끈기입니다. 실제로 성공하지 못한 사람들이 공통적으로 갖고 있는 것 중 하나가 바로 '끈기 없는 재능'이라고 합니다.

마무리를 잘하려면 현재 진행되고 있는 일의 경과와 최종적인 상태에 대한 점검으로 하루를 마감하는 기본자세가 필요합니다. '귀찮은데 내일 하지…' 하는 습관으로는 절대 안 됩니다. 오늘 공부할 것, 오늘 연습할 것, 오늘 처리해야 할 일은 반드시 오늘 마무리하십시오. 과정이 힘든 일일수록 성과는 크게 돌아온다는 것을 잊지 말고, 일에 대한 모든 관점을 성과와 결과 중심으로 바꾸세요. '여기까지가 한계야…' 하고 스스로 물러서고 싶을 때마다 돌아올 성과를 생각하며 한 걸음만 더 내디뎌본다면 대부분 그 한 걸음에 성패가 결정될 것입니다.

간혹 '손발이 바쁘면 일을 잘하고 있는 거다'라고 착각하며 스스로 위안하는 사람들이 있습니다. 그러나 이 세상의 모든 일은

결과로 얘기해야지, 과정을 얘기해봐야 소용없습니다. 100번 슈팅해도 1골을 못 넣으면 게임에서 지는 것과 마찬가지죠. 그 결과를 만들어내는 것이 맺고 끊는 마무리 습관이며, 오늘 할 일을 절대 내일로 미루지 않는 마음가짐입니다. 그러려면 남들이 '이쯤 하면 됐다'고 포기할 때 한 걸음만 더 집요하게 파고드는 근성을 가져야 합니다.

여러 가지 '이기는 습관' 중에서도 저는 이 '집요함'이라는 요소가 인생의 숨바꼭질에서 가장 중요한 역할을 한다고 생각합니다. 자신의 일을 사랑하고 그것을 어떻게 더 진전시킬 것인가를 고민하는 사람은 그렇지 않은 사람과 똑같은 풍경과 똑같은 정보를 접하더라도 전혀 다른 산출물(out-put)을 만들어냅니다. 부디 여러분에게 당부하고 싶은 것은 '집요한 만큼 보이는' 삶의 이 끈질긴 법칙을 꼭 자기 것으로 만들라는 것입니다. 인생에서 우리에게 수어진 시간, 하루 24시간은 누구에게나 동일할지 모릅니다. 그러나 그것을 50%만 향유하는 사람이 있고, 300%, 500% 향유하는 사람이 있습니다. 그리고 후자의 삶은 객관적인 평가나 보상을 넘어서 그 삶의 주인인 본인에게도 너무나 짜릿하고 잊을 수 없는 히스토리로 남게 될 것입니다.

마지막으로 보리스 파스테르나크Boris Pasternak의 '극단에까지 가고 싶다'란 시를 독자 여러분과 함께 읽어보고 싶습니다.

모든 일에서
극단에까지 가고 싶다.
일에서나, 길을 찾거나,
마음의 혼란에서나.

살같이 지나가는 나날의 핵심에까지
그것들의 원인과
근원과 뿌리,
본질에까지.

운명과 우연의 끈을 항상 잡고서
살고, 생각하고, 느끼고, 사랑하고,
발견하고 싶다.

아, 만약 조금이라도
내게 그것이 가능하다면
나는 여덟 줄의 시를 쓰겠네.
정열의 본질에 대해서
오만과 원죄에 대해서
도주나 박해, 사업상의 우연과
척골尺骨과 손에 대해서도.

그것들의 법칙을 나는 찾아내겠네.

그 본질과

이니셜Initial을

나는 다시금 반복하겠네.

청소년을 위한 이기는 습관

2008년 1월 15일 1쇄 | 2025년 1월 21일 64쇄 발행

지은이 전옥표
펴낸이 이원주

기획개발실 강소라, 김유경, 강동욱, 박인애, 류지혜, 이채은, 조아라, 최연서, 고정용
마케팅실 양근모, 권금숙, 양봉호, 이도경 **온라인홍보팀** 신하은, 현나래, 최혜빈
디자인실 진미나, 윤민지, 정은예 **디지털콘텐츠팀** 최은정 **해외기획팀** 우정민, 배혜림, 정혜인
경영지원실 강신우, 김현우, 이윤재 **제작팀** 이진영
펴낸곳 (주)쌤앤파커스 **출판신고** 2006년 9월 25일 제406-2006-000210호
주소 서울시 마포구 월드컵북로 396 누리꿈스퀘어 비즈니스타워 18층
전화 02-6712-9800 **팩스** 02-6712-9810 **이메일** info@smpk.kr

ⓒ 전옥표(저작권자와 맺은 특약에 따라 검인을 생략합니다.)
ISBN 978-89-92647-19-9(03320)

쌤앤파커스(Sam&Parkers)는 독자 여러분의 책에 관한 아이디어와 원고 투고를 설레는 마음으로 기다리고 있습니다.
책으로 엮기를 원하는 아이디어가 있으신 분은 이메일 book@smpk.kr로 간단한 개요와 취지, 연락처 등을 보내주세요.
머뭇거리지 말고 문을 두드리세요. 길이 열립니다.